# Retailles

## COMPLAINTES POLITIQUES

Denise Boucher et Madeleine Gagnon

# Retailles

**COMPLAINTES POLITIQUES**

éditions l'étincelle

Copyright © 1977, Denise Boucher, Madeleine Gagnon et
Les Éditions l'Étincelle Inc.

Photocomposition: Louise Cardinal, Robert Davies.
Mise en page: Nicole Morisset
Ont également contribué à la publication de ce livre:
Magda Gaudrault, Danielle Lareau, Michèle Mailhot.

**Diffusion:**
   Québec:  Messageries Prologue Inc.,
                1651 rue Saint-Denis
                Montréal H2X 3K4
                Téléphone: (514) 849-8129

   France:  Montparnasse-Édition
                1 Quai Conti
                Paris 75006
                Téléphone: 033.40.96

   Suisse:  Foma-Cédilivre
                C.P. 4
                Le Mont-sur-Lausanne

Dépôt légal, 2e trimestre 1977, Bibliothèque Nationale du Québec.

Pour recevoir notre catalogue sans obligation de votre part,
il suffit de nous faire parvenir une carte avec votre nom et adresse.

**Éditions l'Étincelle, 1651 rue Saint-Denis, Montréal, Québec**

ISBN: 0-88515-072-4

Nous nous sommes rendues aux
confins de la mort amour
de l'amour à mort

à
Thérèse Arbic
Odette Gagnon
Marie-Francine Hébert
Pauline Julien
Patricia Nolin

et à
Christiane Daviault

# Préface

«Écrire ce que l'on veut, telle est la paradoxale invitation.»

Marguerite Duras

C'est parce que tous les personnages de cette histoire ne sont pas tirés du hasard et leur ressemblance avec le monde environnant non fortuite, que nous publions ce livre. En d'autres mots, malgré l'extraordinaire aventure qui fut la nôtre, des choses si ordinaires semblent nous être arrivées au travers de nos pérégrinations, que leur récit risque d'en toucher plusieurs. Prises donc, comme on dit prises par l'amour ou prises au piège, par la double présence de l'étrangeté et du semblable, de l'indéchiffré et du connu, l'urgence d'un dénouement nous signifiait. La double prise posait une exigeance: refaire tous les chemins du piège; dénouer, défiler, découdre, jusqu'à reconstituer de ces retailles une pièce inusitée, radicalement différente de celle que nous avions prévue ou imaginée au départ. De celle-ci, la seule existence n'en fut jamais qu'un nom, *de toute beauté*. Un collectif de femmes le portait. Dont nous étions.

Si l'exigence de cette dépossession concerne l'écriture, c'est que les multiples frayages nocturnes et vitaux qu'elle permet—au même titre, par exemple, que la parole analytique—peuvent faire ressurgir, et les éclairer, les refoulés nombreux de cette mise en échec d'un collectif amoureux. C'est bien par l'écriture que les paroles nouvelles de femmes peuvent, en grande partie, s'affirmer et se supporter. Sans ce support, dans notre exclusion discursive séculaire, ne risquent-elles pas, ces paroles, de se refléter inlassablement sur les écrans des institutions de pouvoir qui, en grande partie encore, ne les captent même pas?

Ce risque de l'écriture ne pouvait s'apprivoiser au document sociologique. Ni à l'analyse dite objective de théories et de pratiques d'un groupe ainsi réduit à l'état de corps disséqué ou autopsié. Trop douloureux furent les morcellements que les sciences de l'homme nous firent subir, pour que nous nous mettions nous-mêmes à objectiver ce qui de nous ne s'est pas encore complètement révélé comme sujet. Que l'on nomme fiction ou poésie, ou encore philosophie, ces venues de nous dans l'écriture, importe peu. Seule nous emporte, avec les formes qu'elle génère, cette libre course qui doit plonger dans la pénombre des symbolismes introjectés pour enfin remonter aux vérités étrangères que, seules, nous pouvons divulguer. Nous savons qu'un jour, grâce à tous ces risques passionnés d'actions, de paroles et d'écritures, nous aurons transformé, non seulement le poétique, en apportant au texte son corps à corps censuré, mais aussi le politique, en nous plaçant, non plus comme objet dans la phallocratie mais comme sujet d'une nouvelle histoire de partage entre les femmes et les hommes.

L'écriture, contrairement au reportage supposément fidèle à la réalité, nous conduit à une tout autre fidélité: celle de nos vérités respectives, les seules pouvant accéder à la vérité d'une histoire dont nous manqueront toujours celles qui ne furent pas dites. C'est à repérer ces manques, à les choyer en quelque sorte pour ce qu'ils délimitent mieux les combles, que nous sommes parvenues à recoudre les retailles; à pouvoir jouir de nous y reconnaître dans les péripéties d'un chaud et patient travail plutôt que de nous perdre encore dans les marges d'un groupe éclaté, disséminées et exclues. Car s'il s'agit bien de la mise en échec d'un groupe dit de conscience[1], surnommé par nous *groupe de moi-je,* sa présente reconstitution assure la mise à mort même de l'échec en cela qu'elle permet de défaire, de l'intérieur et dans ses doublures, les multiples morts que ces groupes engendrent. Elle nous aura menées au plus profond, au plus sinueux du dedans du pouvoir, dans les dédales torturés de celui que nous, femmes, reproduisons.

Nous nous étions rencontréés sur un coup de foudre, à l'occasion d'une drôle de fête intitulée «Femme et Écriture». Ce fut une belle et longue histoire d'amour où, pendant plus d'une année, chaque semaine, nous faisions des scéances de *moi-je*—et de *toi-tu* et de *nous tous*— sous forme de ja-

1.   Terme emprunté aux *consciousness raising groups* du mouvement féministe américain

settes. Des questions identiques, du moins en apparence, nous réunissaient. Concernées par la lutte des classes et par le spécifique de cette lutte qui traversait la nôtre, mais insatisfaites du peu de cas que l'on faisait de celle-ci dans les divers groupes où nous avions oeuvré. Sollicitées à l'explorer dans ce qu'elle a de plus fondamental. Désireuses de parler ce que nous sentions un peu partout comme l'inédit, quand ça n'était pas tout simplement l'interdit... Jusqu'ici, la superficialité des rapports posés entre ces deux formes de lutte nous indiquait qu'il y aurait à creuser longtemps du côté de nos propres contradictions afin de dépasser, par ce travail, le règne des slogans et du mot d'ordre.

Pour compenser des millénaires d'un pouvoir, sur nous, global et multiforme, aucune stratégie ne nous semblait plus appropriée que ce regroupement par la base où, par la circulation libre des paroles entre nous, les effets de ce pouvoir brûleraient de se divulguer. Et des vérités nouvelles émergeraient de cette quête. Nous avions même mis au point un programme étendu: la prolifération de ces cellules de cinq ou six femmes, choisies, non plus sur des critères politiques ou théoriques mais sur ce que nous nommions affinités de problèmes; affinités affectives. Nous n'avions pas peur, justement de nommer des «problèmes», et ce préjugé si répandu qui veut croire qu'à les identifier la preuve est faite de son degré de «poignage» ou de non-épanouissement, ne nous énervait pas outre mesure. Nous savions bien que le risque de leur divulgation affirme exactement son contraire. Pendant une année, nous avons initié quelques réunions de groupes élargis. Une quarantaine de femmes y vinrent chaque fois. Nous nous contentions d'exposer le fonctionnement des moi-je, en les pratiquant, toutes ensemble, scéance tenante. Si les pièges de cette formule sont démontés dans ce livre, ça n'est pas, en nous plaçant de plus haut ou de plus loin, pour empêcher des regroupements spontanés dont les résultats ne sont à prévoir par aucune extériorité, aucune autorité. C'est plutôt, pour souligner de nous les lieux, les formes où, entre nous, se reproduisit si brutalement le pouvoir, malgré l'informalité et l'a-politisme apparents de notre groupe, qu'une autre fois encore, l'urgence de chercher ailleurs et autrement en fomenta sa brisure. Le présent texte s'est frayé à même cette urgence et cette brèche.

Si trop de censures externes des groupes mixtes (à dominance toujours mâle) nous avaient fait opter pour ce projet, la conscience de censures moins brutales mais peut-être plus insidieuses nous rassemblait: celles, mises en scène par le féminisme et plus précisément par la tendance connue sous le nom de lesbianisme radical: lieux de notre lutte collective où les revendications fiévreuses et exacerbées ramènent, comme un fulgurant ressac, la doublure de l'oppression phallocrate tant dénoncée. Lieux de fermeture et de pouvoir inversé en cela qu'il devient impérieux et politique qu'un sexe soit encore, et systématiquement, exclu de l'autre. Traîtresses au regard de

celles-ci, puisque nous pactisions avec l'oppresseur, nous étions toutes des «femmes à mec»,
chacune un chum dans not' vie, toutes en amour,
disions-nous, par surcroît.

Groupe non mixte à tous points de vue, nous
pensions donc avoir mis toutes les chances de notre
côté, pour enfin laisser couler libres, toutes les
marques, en nous, de l'oppression. Quelques incantations venaient parfois nous rappeler que nous
n'allions pas, à notre tour, partir en guerre, ni ma-
nier, par calque ou mimétisme, leurs armes et leurs
violences trop connues, et l'une d'elles, «douceur
ultime et colère justifiée», suggère bien le terreau
qui nous fécondait.

Mais lentement, d'un long travail sous-
terrain, imprévu, essentiel, l'érosion se fit sentir.
Dessous la linéarité et la limpidité de nos trajectoires
communes, les mille bouches du pouvoir introjecté
grugeaient. Cela prit l'allure d'une lutte à finir, non
larvée, entre passion et tendresse; entre éros et cette
ailleurs qui ne fut jamais nommée. Le combat entre
O et la putain d'un côté, la nonne et la spectatrice de
l'autre. D'une part, désir d'expurger les signes de la
domination dans ce qui semblait à certaines cons-
tituer le prisme à travers lequel ils se donneraient
mieux à lire, le prisme de la séduction. Il nous semblait que sans ce rapport d'attirance en même temps
que de soumission, entre les hommes et les femmes,
à la fois la suprématie des uns n'eût pas été si longtemps endurée mais aussi la survie des autres n'eût
pas été possible. Il nous paraissait même que la clef

12

de la libération sexuelle se trouve en ce paradoxe où les deux sexes sont noués. D'autre part, volonté de démission et de retrait d'un monde où l'on découvrait que ce qui fait souffrir et qui domine, peut aussi faire jouir et aimer. Que la passion n'était pas irrémédiablement fermée à la tendresse et vice versa. Les protagonistes de la retraite choisissaient donc, à la fois de devenir spectatrices d'un monde où elles refusaient de descendre et peut-être, qui sait, les actrices d'un monde imaginaire.

Ces deux tendances ne furent jamais réconciliées. Elles marquèrent le noeud, le point d'achoppement d'une histoire d'amour qui ressemblait de plus en plus à toutes les autres. Outre que la rupture classique prit forme de scission, puisqu'il s'agissait bien d'un groupe, et que le politique ressurgit en ce qui l'illustre: le rapport de forces. Mais cet affrontement, joué dans les fantasmes du bordel et du monastère, ne saurait, pour nous, se réduire au voyeurisme de l'anecdote, à l'affût morbide d'un récit de chicanes. De ce qui s'élabore ici, rien ne se prête au jeu déguisé du pouvoir complaisant à répéter, de chaque risque des femmes, qu'elles ne sont bonnes, de toutes façons, qu'à se griffer, se tirer les cheveux et chiquer la guenille entre elles.

Car, de cette fin d'une histoire d'amour et de pouvoir, aucune cicatrice meurtrie ne demeure. L'issue essentielle est même tracée: des paroles sont nées ailleurs, et autrement, du décryptage que l'amour, justement, aura permis. Ou encore, d'une démission portée au compte, une autre fois, du silence des opprimées. Même si, de ce double choix, bien des colères seront traversées: «Dire aussi la colère. Les terribles colères des femmes douces quand l'espérance est trompée.» (Annie Leclerc, *Le Devoir,* 29 janvier 1977.)

Et puisqu'il avait été convenu entre nous, dès le départ, que l'intime serait désormais public et que nos gribouillages sortiraient de leurs prisons-tiroirs, de leurs cuisines-isoloirs, le cas que l'on fera peut-être de leur «littérarité» n'empêchera ni leur flot, ni leur cours. Puisque la castration de nos propres paroles eût contribué à nier du même coup celles, peu nombreuses, qui nous ont précédées ou qui nous accompagnent, notre double parole, tissée à même un triple silence, dit bien, du littéraire, ce qui en constitue historiquement, à la fois sa force et son manque. Le retour à la sorcellerie, au magique, au mystique, qui sollicita certaines d'entre nous, dit aussi qu'à vouloir brutalement nous arracher du pouvoir, nous le traînerons lourdement dans les forêts nocturnes pour n'avoir su entendre, sur ses lieux mêmes, les voix refoulées de l'immense retour collectif. S'en extraire en garantit la survie pour tous ceux et celles qui restent là et veulent, ensemble, l'expurger.

C'est là le choix précis des deux scribouilleuses ici présentes. À combien de lieues, de siècles, ou de secondes et de fibres se trouve-t-il du silence des autres? Nul ne saurait le deviner. Nous avons livré, de cette expérience, ce qu'il en reste, sachant bien que la somme ne s'atteindra jamais et que les restes, à mieux y songer, constituent, ce qui des histoires dit le vrai. Y compris que cette vérité ne relève pas de l'exactitude des sciences positives mais de ce que racontent les fictions subjectives quand l'écoute de leur récit nous transforme.

> «C'est peut-être, oui, la mise en échec de toute reconstitution.»
>
> Marguerite Duras

db
mg

—Je sais comment
je sais comment
faire reluire le soleil—

elle ne sortait que la nuit
comme une bonne coquerelle
une fois en plein jour
le dragon lui avait dit
je n'ai que faire
de tes mains pleines
passe ton chemin
elle s'en retourna chez-elle
malgré son sens aigu du possible
elle songea à Junon
et saoûla toute sa nuit
l'âme lavée et ravie
de nous chercher de nous trouver de nous aimer
comme personne ne s'est jamais aimé
l'amour est dans ton nom
dans mes bras aux mains
plaines de lait
pour tes pieds fatigués
nous continuerons d'avancer
avance sur leurs absences déguisées

on aiguisait tes crayons parfaitement
puis on t'empêchait d'écrire
une source ne se détourne pas

et regarde-la qui vole

db

vautour: oiseau rapace diurne
dragon: femme vive et acariâtre

16

*Je ne sais pas ce que c'est la dignité.*
*Mais je connais tout du mépris.*

Regardez mes forces, femmes. Si vous continuez vous aussi à jouer sur mes faiblesses, je m'en vais. C'est sur mes forces que vous devez compter.

Voulaient que ne paraissent que mes fragilités afin de pouvoir me compter comme du beurre. Ne compter sur moi que cachée derrière des voiles, des soupirs doux, des sourires charmants, des féminités suaves. Enfouie, dissimulée sous les humbles tâches des uniformes gris des ménagères, les airs doux de la mère et les tulles légers des sécrétaires tous marqués aux fers lourds de la soumission à.

M'ont dit que l'amour était fragile pour que je passe mon temps à m'en inquiéter. Sans arrêt. M'ont retiré leurs amitiés quand elles me donnaient trop d'assurance. M'ont dit que l'amitié était rare sinon impossible. Pour prouver tout cela, m'ont séduite puis abandonnée les puritainement nés pour les seules longues nuits cafardeuses pleines de bruit de chaînes.

M'ont dit que l'amour était aveugle quand il rend lucide. Si je semble me brûler à certaines lumières de plastique, c'est que je vérifie jusqu'où. C'est qu'il m'arrive d'oublier de me faire confiance sur le premier mépris inspiré. C'est quand je m'oublie. C'est parce que l'amour éclaire que les verts y trouvent leur verdeur et les rouges toutes leurs rougeurs. Le ciel est bleu, la mer est verte, laisse un peu la fenêtre ouverte. En amour, mon corps est plus exigeant de santé.

M'ont dit que le rire n'était pas distingué. Jansénistes, quand le rire venait quand même, ne voulaient pas que je bouge les épaules ni que je montre mes dents. Leur fallait un sourire de Bouddha, la tête du Sphynx: la femme doit être mystérieuse. Voulaient Mona Lisa et se gardaient la poker face.

M'affirmaient qu'il faut mettre son orgueil à n'avoir jamais pleuré devant le monde. Ni rires ni larmes. Pour ne pas entendre grincer et craquer la machine.

Me sommaient d'être entre les deux. Dans la ligne juste. Dans la vertu. Dans la perfection. Dans l'équilibre. Dans l'idéal grec. M'obligeaient à disparaître. L'apparence de, leur suffisait.

Me conseillaient de me cacher pour que l'on ait envie de me découvrir. Exigeaient que je joue à la cachette. J't'ai vu. J't'ai vue. Cacher les choses. Cacher les êtres dans le giron de. Ne pas savoir leur nom. Je sors de ma cachette. Loup y é-tu? M'entends-tu? Paré, pas paré, j'sors pareille. Prête, pas prêt, j'y vas.

Disaient que sous mon oeil de velours se cache un vagin plein de dents et de mort.

Proverbisaient: le silence est d'or. C'est ainsi que se sont couchées sous leurs pieds les majorités silencieuses. Taire des hommes. Taire des femmes. Être au-dessus de la parole. En deçà. Comprimer la parole.

*Une muette, ça ne parle pas. J'entends du bruit.*

Parler. Parler. Parler. Incantations. Chants Hymnes. Paroles. Rires. Larmes. Tirer sur les murs du silence. Hurler.

—Oisive jeunesse à tout asservie, par délicatesse, j'ai perdu ma vie—

Exorciser leurs oreilles. Leurs regards vaches. Leurs voix de troupeau.

—Enfants voici les boeufs qui passent cachez vos rouges tabliers—

Ouvrir les battants des mots. Maux par maux. Culpabilité par culpabilité. Peur par peur.

Peur. Terreur. Frayeur. Effroi. Épouvante. Affolement. Panique. La peur panique. S'enfle. Se glisse entre tous nos os. Nos eaux. Ne m'affolez plus. Ne me troublez plus. Dérange-moé pu.

db

Que s'est-il donc passé pour qu'elles ne veuillent plus prendre le temps d'enfanter l'temps? Pour qu'elles étouffent, écrasent, la fleur qui poussait?

*Sur la pointe du coeur, sur des coquilles d'oeufs, j'examinerai les deux faces du pouvoir.*

Ça n'est pas dans le vide que nous nous préparions à sauter. C'était dans un immense piège crocheté par nous toutes avec des mains habiles, lentement, longtemps, de nuit comme de jour. Inconsciemment. Piège où la tendresse serait dissociée du désir. Où il nous faudrait haïr la moitié du monde pour aimer l'autre. Où l'absence de jouissance et de plaisir serait la clé d'un obscur paradis. Où la froideur des corps serait la nouvelle vertu. Où la vie des guerriers — encore, la guerre—serait proposée comme modèle.

On a voulu dissocier tendresse et désir. On a voulu la mort d'éros. On a voulu enlever l'amour à son feu. Disséquer la jouissance. Chiffonner la passion. Écrabouiller. Scribouiller. Nier la douceur de tes bras, petit frère, et proclamer la nôtre. Comme s'il était possible encore de tuer pour mieux vivre. Comme si ton sexe niait le mien. Comme si l'orgasme de toi était la fin du mien. Serait-il possible qu'elles n'en aient jamais joui? Que tu fus toujours pour elles bête à chasser? Qu'elles soient nées de la guerre de toi? Éternelles vengeresses du père, du frère, du fils ou de l'amant? Éternelles emmailleuses de filets? Et même pour les soeurs prises au piège?

mg

Comme bouteille jetée à la mer. Comme caresses que je lance à tous vents. Comme musiques en plein soleil. Comme lait doux qui coule de mon sein. Comme cadeaux sous l'arbre de Noël. Comme écritures dans la neige. Comme histoires de nounous racontées aux enfants. Comme messages sur l'écorce de bouleau, je donne ce qui de nous me fit passer de la toundra à la rivière. Cherchant destinataires à tous ces graphes mais voyant déjà certaines les brûler, parmi les longs chicots de leur forêt noircie, un soir d'hiver. Sachant de plus que rien ne pourra consumer cette vie, à moins que toute vie, et les femmes et les hommes qui s'y trouvent, disparaissent à jamais.

Car, Je suis une eau claire une eau trouble une eau qui coule une eau mouche qui volle qui vole dont ce qui surnage entre moi me repose dont ce qui se noie m'effraie et me sauve ce qui remonte à l'air frais quand de couler je n'en peux plus. Je me sauve de moi-même et toujours m'y complais au retour. Je veux, je veux que tu reviennes, me le demande sans détour. Ni dédouble, ni masque à percer. Ni manque à combler. De m'apprivoiser vivante me rend si tendre que les lions voudraient y rugir d'amour. Et moi et elles surgir de comparaître en ce lieu qui n'a rien d'un procès. Tout repos, mon amour, je tendre, tu tends vers moi. À peine je me penche pour te respirer. Touchons-nous encore et sauvons ce qui de nous tient encore. Rien de ces événements où le fascisme s'évit ne nous enrobe. Tout de nous se déroule en armes nos caresses en combats nos amours. je veux elles, je veux toi. Je veux nous de toutes ces rencontres.

La terre peut-elle éclater de ce qui va se dire et pourtant on dirait que mon ventre se rompt. C'est à savoir aussi le pourquoi de cette menace sourde que les paroles à venir  couleront plus librement. À la simplicité ou la limpidité soudaine de ce qui doit s'écrire se noue un lyrisme qu'on a dit dépassé comme si leur vérité tiraillée, angoissée, s'ennoblissait d'y manquer le chant. Étouffement de la danse, aussi, quand il n'y avait plus, même pour descendre au creux de la jouissance, que  les rauques saccadés et froids de la mort. À tout ce qui précède une colère se tisse forcément que je ne saurais reléguer, pas plus que le reste, sous le léchage de la dénégation. Ou de toutes les sublimations qui me feraient à coup sûr glisser dans les faveurs de la dominance en place.

Je suis arrivée à un tournant de ma vie, de notre vie, où je n'ai, définitivement et irrémédiablement, plus rien à cacher. Où je sens de plus qu'il

nous faut nous tout dire sans quoi nous continuerons nous aussi de reproduire ce que les
groupes révolutionnaires ont toujours dénoncé
sans pourtant y parvenir: le mensonge, les rivalités,
la compétition, les jalousies, entre hommes et
femmes de même allégeance; entre hommes et
hommes; entre femmes et femmes. Je me sens happée
par la plus terrible et la plus libératrice des con-
fessions. Ce mot que jusqu'ici j'avais rayé de mon
petit dictionnaire subjectif. Il n'y a plus de mots
tabou. Cette confession qui à la fois me hante et me
séduit. Toute ma vie passée et mon histoire récente
avec nous cinq m'aura appris que parfois la plus
profonde vérité du fond de soi, lorsque proférée,
peut être reçue par l'autre comme violence, comme
agression. De là les nombreuses censures pour tous
ces textes—littéraires ou politiques—qui dans le
cours des siècles n'étaient pourtant que des cris isolés
de vérité.

Mais, malgré la hantise du rejet et de la censure,
à commencer par ceux-là mêmes qui surgiraient
d'entre nous, malgré la peur de vous perdre comme
répondantes et de ne pouvoir à mon tour adjoindre
vos vérités à la mienne, quelque chose de plus fort
encore m'appelle à le risquer ce texte. *Et je me
retrouve, après maints débats, comme cet immense
champ de neige lisse et calme le lendemain de Noël.*

Je ne renierai donc pas celle que l'on a sur-
nommée ma Jeanne-Darc. C'était trop facile,
comme toutes les analogies. Je ne suis ni naïve, ni
pucelle, et pas plus marionnette d'un pouvoir

aveugle, car le pouvoir, je l'ai analysé sous toutes ses doublures. Je ne pars pas en croisade quand j'affirme les vérités qui m'animent. Aucune bannière ne m'accompagne, aucun groupe ne me supporte, mais un mouvement d'une telle vigueur me porte à les dire, qu'il me faudrait à tout jamais ne plus rien écrire si je renonçais maintenant à l'une d'elles.

Ça n'est pas parce qu'on a déchiré mes premières paroles qu'elles n'étaient alors pas bonnes à dire et qu'il ne deviendrait pas impérieux aujourd'hui de les répéter. Comme l'on reprend son tricot vingt fois après qu'il se fût démaillé. Comme l'on recommence jusqu'à ce que solide sur ses broches, on dirait presque qu'il avance tout seul tant les premières rangées de signes bien alignés propagent à l'ensemble comme un long souffle qui se tient. Ça me rappelle cette petite fille qui allait la nuit défaire le tricot quotidien de sa soeur. Je m'étais longuement demandé pourquoi elle trouvait son plaisir à détruire celui de l'autre. Pourquoi? Je ne savais trop comment répondre à ces agressions si morbidement désirantes de détruire tout ce qui vit autour. Mais je m'étais dit que si j'avais été celle dont le travail se voyait ainsi anéanti, j'aurais inlassablement recommencé, pendant des siècles et des millénaires s'il avait fallu, jusqu'à ce que la vie triomphe enfin de la mort et que plus personne n'osât s'y attaquer. Ce plaisir de vie eût été plus fort pour moi que la souffrance éprouvée à voir chaque fois tant d'efforts piétinés.

Cependant, si tout ce qui vient n'était que récriminations, rien, même de ce qui précède, ne pourrait prendre forme. Car tout ce qui s'élabore est tissé à même un immense bonheur, une série de jouissances innommées jusque là et qui viendront se décrire en leurs temps comme autant de brins éclatants parsemés ici et là sur cette pièce de travail et de plaisir. Cela qui me fut tant refusé de glisser au fil des jours durant cette année qui nous lia, pour n'avoir pu défiler au fur et à mesure, prendra peut-être, du moins au début, l'allure d'un cri de victoire, un peu comme dans un accouchement que l'on aurait délibérément différé, les contractions de vie en sont, lorsque relâchées, plus brutales. Et pourtant l'ultime fin de leur violence en est de création et non de mort, le but final un autre souffle. Une autre histoire. Et malgré tout ça vous m'avez bien fait comprendre, pas chacune d'entre vous, mais la configuration même de notre groupe — et de tout groupe, je crois—que le bonheur pouvait bien se jouir à genoux, à plat ventre ou encore, les pieds liés aux étriers de fer.

Je suis partie dans les profondeurs de la nuit. Mes pieds crissent sur la neige séchée. Après, ce sera le long retour au corps pour tous. Quand? Après tant de victoires et tant de défaites. Après tant de renversements de pouvoirs. Tant de jeux de bascule, où les plus forts deviendront plus faibles et les plus faibles les plus forts. Après tant d'affrontements et de confrontations. Après une fatigue énorme à subir ou infliger ces dominations répétées. Des générations et des générations se chicaneront encore mais nous, nous savons qu'un jour tout sera calme.

Tu me reviens maintenant, Brigitte Fontaine, avec ton heureuse obsession du bonheur. Il y en a qui se demandent chaque jour ce que c'est le bonheur. D'autres qui ne se demandent plus rien et se résignent statufiés: «une grande bête chaude et fauve, le bonheur».

Non, je ne veux pas être fidèle à la souffrance et je ne ferai plus que des ruptures d'amour. «J'ai mal au soir, j'ai mal au mur, à toi aussi.» Je n'ai plus mal qu'à ce que j'aime et ce qui m'aime. N'accepterai plus jamais que cela qui me déteste me touche. Vous l'ai-je déjà assez dit? Le savez-vous, le savez-vous, «je suis assez âgée pour être ma mère», et assez jeune pour me porter et me bercer. Mes seins sont larges comme l'univers et je tète à mes propres mamelles.

mg

«*La victoire des idées n'est complète que
lorsqu'elles cessent d'être en contradiction
avec les intérêts personnels, c'est-à-dire
lorsqu'elles donnent satisfaction à l'égoisme.*»
Max Stirner

Tant vu qui pratiquaient
le trafic des héroïnes
faisant semblant d'écarter
les gloires qui obsèdent les purs
les gloires qui obèsent les scrupules

tant vu qui s'en allaient
la mort à la bouche
un chrysanthème mordant leurs dents
le regard vidé de la catin
dont l'innocence a troué les yeux

tant vu qui s'en allaient
comme plaies ouvertes
au manque des passions
reculant et reculant le chant
dans la fatigue dans la figure
manipulées par les baillons

tant vu qui nous quittaient
sans rompre les clôtures
sans déterrer ls pieux
sans déserrer les cris
sans ambiguïté

tant vu qui marmonnaient
internés au monologue
des preuves garanties
du droit au martyrologue
inclus et incluant
les cages de l'exil
les immigrés brisés
veulent nous déchirer l'âme
mais elle regardait ailleurs
un oeil vissé à la terre
ne pouvant supporter

les auréoles tordérales
des amputés de l'énergie
il faut tenir compte
de la ligne d'horizon
quitte à la décomposer
ne me parle pas d'incommunicabilité

tant vu qui s'en allaient
la poudre aux fesses
pendant que l'éclair m'éclairait
les remous aux jambes
pendant que le lac me baignait
nue amoureuse et perverse

tant vu qui jouiront
le soleil accordé à leur violon
pour transcender le temps qui passe
passera à l'amour
des amitiés qui dansent
mouillées de blé et de semences
semeuses de paroles et de chants
pour marquer le temps

db

«j'ai rencontré une vieille, vieille dame qui n'espérait plus la voir venir de son vivant. Mais, me dit-elle, je sais qu'elle existe et après tout c'est l'essentiel. Comme elle allait bientôt mourir, elle ne pouvait pas mentir.»

Je ne veux pas que tu meures et les mots s'effacent devant cette contrainte de corps, cette ordonnance de tendresse, cette conjuration de vie. JE T'AIME. Je te raconterai un jour comment moi aussi du lit de ma mère j'ai appris le combat. Comment de l'abandon je suis née à l'amour; de la distance à l'abandon; du froid à la chaleur; de la mort à la vie. Je te raconterai aussi l'histoire du sang dans ce lit d'hôpital où elle allait s'éteindre, du sang qu'elle m'implorait de donner comme étreinte et que l'on me refusait de prodiguer. Comment alors, je devins sa petite mère et comment à tout jamais ma mort fut derrière moi. Ne pouvant plus donner de moi ce lait qu'elle hurlait mon sang dans ses veines, elle comme ce noyé qui sang sort et coule, moi, habitée de ce trop grand souffle. Pourtant, elle survécut. Nous devons malgré tout signifier ce refus, continuer notre course calme, conjurer inlassablement, ces temps ces lieux de désirs à naître sang agression ni violence mais parfois avec la colère folle de l'équilibre des forces contraires, nous méfiant de l'harmonie tout autant que de la guerre. Tiraillées mais heureuses de ces contraintes qu'il nous faut toujours mieux comprendre. JE T'AIME.

Et toi aussi qui planes ou qui volles. Tu es partout et nulle part. Serait-ce ton double ou toi-même réelle, qu'importe, cela qui t'anime ferait respirer les pierres elles-mêmes et cette quadrature où tu t'en vas, défiant toutes les dialectiques jusqu'ici connues; ré-apprenant les premières formes, les premiers modèles; les insérant partout où l'incident t'amène, où l'Inde te préoccupe, où l'Amérique te convie. Aussi claire qu'une source d'émeraude, tu deviens l'intérieur du joyau, de la pierre, faisant éclater sans fracas, patiemment, toutes les pierres philosophales imaginées par eux, jusqu'à produire une nouvelle mathématique de l'amour. Une nouvelle psychanalyse de la conscience sans barrières, sans miroirs, tu dis. Or, tous les fétiches disparaissent et se taisent. Ne se signifient plus que les mouvements lisses de la parole sans frontières entre le dit et le silence. JE T'AIME.

> «elle demandait à tous un chemin
> pour se perdre et personne n'a su
> lui répondre.»
> *India Song,* M. Duras
> (Pourquoi ce long procès doit-il
> s'amorcer dont aucune de nous
> ne fut l'instigatrice, pourtant?)

Elle laissait couler tout son corps dans ses jambes grossies de vieillesse. Si belle, que je me serais collée si fort contre elle. Elle redescendait une à une les marches qu'elle avait appris à gravir petite pour marcher. Elle défait tous les échelons maintenant qu'elle s'est hissée jusqu'en haut. Où il n'y avait presque plus personne dans cette lumière. Et comme elle n'aime pas l'isolée, elle revient au lieu d'où elle s'était pour la première fois soulevée. Par terre. Elle est heureuse par surcroît de ce surplus de conscience. On n'en demande pas tant, d'habitude, aux vieilles bonnes femmes. Puis elle, tranquille, ça l'amuse. On dirait même qu'elle est folle. La mort lucide. Je suis gouffre tourbillonnant. Cyclindre aspirant par le bas. Cyclone inversé. Cerveau concentrique, concave, suçant tout le reste du corps: ventre, sexe et mains qui ne s'agrippent plus. Mort qui happe tout bruissement. Toute autre réflexion s'évanouit, s'évanescent. N'ai plus aucun temps à la souffrance. Trop occupée à scruter son travail. Prise par son respire différent. Ne suis plus qu'un battement de coeur sur leurs plages de mort. Plus vivante que jamais. Accessible à la jouissance extatique. Qu'une longue et vibrante palpitation de la tête aux pieds.Ne sais plus où ça pense en ce moment et n'ai plus aucun besoin de chercher d'où ça vient ni où ça s'en va si tant est que cela suive un chemin.

Ne veux plus jamais jouir de la mort qui rôde. Je me frôle sans cesse aux confins de l'amour. Trop de vie peut-elle contrer cette mort dont vous êtes porteuses? Trop de votre mort peut-elle sécher ma sève débordante? Faudra-t-elle replier ce qui du trop souffrant s'étale? S'être dépliée dans les luttes. Se retrouver balbutiante comme au bord d'un spectacle dont la mise en scène m'échappe.

Se dérober?

L'actrice avait tant et tant parlé de ses vêtements.

Assistera-t-elle, inutile, aux désordres qu'ils convoitent?

Pourquoi s'exhibent-elles ainsi, inefficaces?
Va-t-elle encore brûler vive et que sous les lueurs et
les odeurs de corps qui se consument viendront
s'entendre dans les nuits qui sourdent des cris, encore, de vengeance? Ne veux pas y assister, impassible. Ne veux pas mourir impuissance. De tout ces
jeux d'elles mon innocence s'épuise.

Je n'ai plus à offrir, en échange, des gouttelettes
d'émeraude et de sang.

Ne pactiserai plus avec aucun pouvoir, fût-ce
t'il le pouvoir d'elles.
Et s'il en faut, d'autres ruptures, nous les ferons,
quitte à ce que la révolution tant rêvée ne se voit
plus de mon vivant. Car après tout, sur ce terrain de
tendresse et de jouissance où je me trouve, si peu
nombreux, si isolés que nous soyons, nous nous
reconnaissons, c'est l'essentiel. Terre de folles
amours. Champ de merveilles. Il y a des eaux qui
passent tout autour. Nous les suivons parfois le soir
venu, cueillons aveuglément les fruits sur leur parcours et revenons à l'aube dormir entrelacés.

Je n'ai pourtant pas le coeur au procès. Il
faudra bien que ça s'appelle autrement. Qui oserait
décrire ce qui s'est passé? Si non que par soi
fébrilement ancrée une histoire marquée à vif et
chaque mot imprégné brûle tant qu'il ne peut, de
près, se décrypter. Aucune autre symbolique que la
mienne ne pourra donc m'en soulager, aucun autre
déchiffrement que celui-ci, pour l'heure, ardu,
quoi qu'en dise celle, qui égarée de moi, de très loin
me jugeait.

Et la chair, disions-nous, se fit parole. J'avais envie, moi aussi, d'être *ben crue*. Mais pour l'être, j'avais cru devoir être entendue de vous toutes et c'est toujours erreur de croire et d'espérer? Qui, d'entre nous, le nierait? Qui ne s'est pas abreuvé de rejet, de censures? J'emploie les mots pourtant de tous les jours.

Êtes-vous prêtes à y aller? Oui. On saute dans le vide? Oui, oui. On peut enfin tout se dire tout l'temps sans passer pour folles? Oui, oui. Jusqu'à retourner dans les bras de maman s'il le faut? Oui. Berce-moi. Je te berce. Je me berce. On n'a plus peur de rien. Enfin, plus de diagnostic, ni rejet, ni censure. La colère la plus débordante, l'amour le plus bouillant, la tristesse la plus criante, tout ça était admis. C'est pas vrai qu'il faut souffrir pour faire un livre. C'est pas vrai que la douleur fait mal. Laissez-moi crier je suis heureuse. Même si ça fait mal. Je suis heureuse. J'étais pognée dans la mystique du livre douloureux. Laissez-moi crier ça fait pas mal. Je sens même qu'aucune de vous ne pourra jamais dire quelque chose qui me fasse ne plus vous aimer. Mais je doute de l'inverse.

ET, FINALEMENT, JE DOUTE DE TOUT.

mg

Chère Shéhérazade,
je meurs de faim à satisfaire ma faim
je meurs de soif à satisfaire ma soif.

L'absolu est un aussi gros mensonge que l'idée de
Dieu.
Mon dépôt est à la caisse des réalistes matérialistes
qui activent le rêve. Ce sont les jouisseuses qui
feront la révolution dans l'égoïsme épanoui, ouvert
et multilatéral.
Nous commençons à être dangereuses lorsque nous
nous multiplions dans la complexité de l'unité.
Lorsque nous sommes dans l'entité.
Moi-je. Moi-je, le livre de nos cinq.
Je dis non à la prudence parce que de fait le risque
ne comporte aucun danger.
C'est dans les peurs qu'est le mal. Non dans le
plongeon.
Il faut appeler à soi la vigilance afin que personne
ne nous dérobe à nous-mêmes.
Il n'y a aucun risque à ouvrir son corsage et à
laisser entendre les battements de sa vie.
Le mal est dans la camisole de force.
Je dis non aux filles parfaites, neutres et
roucoulantes à la sensiblerie. Je dis non au seul
chemin de la tendresse.
La violence est nécessaire si je veux qu'aucune
barrière ne résiste, ne s'oppose et m'empêche de.
Je dis non au seul chemin de la tendresse, c'est un
piège.
Il arrive que le mal soit caressant et goûte le miel des
séductions à saveur électorale qui affichent le

sourire ineffable des vendeurs de chars usagés.
Il utilise mille magies pour cacher la réalité. Pour
me détourner de la liberté...
Chiquer la guenille.
Ne pas subir non plus la censure du féminisme.
Mais chaque fois que l'on attaque les féministes, en
être.
Dire oui, j'en suis.
Tant mieux si cela fait peur. C'est parce que l'on
saura que je sais qui je suis, ce que je veux et
comment.
C'est là que logent leurs craintes. Ma p'tite juive,
avec tes plans de nègre, vas-tu arrêter tes
chinoiseries? Non. Et parlez-moi sur un autre ton.
Que ça vous plaise ou non.
Chiquer la guenille, jusqu'à la lie. Jusqu'à
décolorer leur mappemonde. Rien qu'une terre. Il
faut qu'elle soit ronde. Il faut aimer l'ivresse.
Encore faut-il avoir soif.

J'aime la haine.
Elle est utile.

Quand tu as peur et que tu me dis: «Où cé qu'tu t'en
vas comme ça?», ce n'est pas que tu t'intéresses à
moi. C'est que tu t'inquiètes de toi. Tu sais que
j'avance et tu as peur de ne pas être capable de
suivre ou de marcher à mes côtés. Je viens juste de
partir et toi, déjà, tu as peur de t'essouffler. Je viens
juste de partir et toi, tu as peur de ne pas arriver. Tu
crains parce qu'il n'y a pas de modèle pour celle qui
cherche ce qu'elle n'a jamais vu.

**Ingénue:** née libre.

*La bastringue va commencer.*

Quand tu me dis que le féminisme peut être élégant,
je pense que tu n'es pas gêné é é é eeeee.
Que tu ne vas pas me dire de quelle manière ni en
quel style les femmes battues, les femmes
écorchées, les femmes tordues, les femmes
déchirées, les femmes mises en boucherie, les
femmes dépossédées, les femmes enfermées, les
femmes taillées au couteau, les femmes décousues
au bistouri, les femmes dépecées, les femmes
encagées, les femmes déroutées, les femmes
imagées, les femmes imaginées, les femmes qui sont
toutes des folles, les femmes qui sont toutes des
lesbiennes vont faire craquer la coque et sauter les
balises.
Quand tu dis ça, tu secrètes ton visque.
Tu ne me donneras ni la note. Ni la mesure. Et garde
tes conseils. Et réfléchis. Et ouvre tes oreilles. Et
pèse tes mots. Le chant des sirènes était un dialogue
de sourds. Le temps des bourreaux est terminé.
Fini. Fin. Nous avons faim.

db

Moi-je suis allée du côté de celles qui se sont tues ou qu'on a tues ne voulais plus me souvenir de toutes ces paroles qui ont circonscrit leur silence. Mais souvent comme des eaux stagnantes ces hargnes s'étendent sous-terraines et se souviennent de moi.

JUNON-la-jalouse je vais t'extirper de moi peur de pas faire un bon texte tu vois c'est encore crisse de déesse en train de me mesurer avec moi-même pi j'pense que ça peut pas toujours marcher comme on voudrait des fois j'me dis c'est trop ça peut plus continuer des fois bien plus souvent à soir ma p'tite exorcisée j'ai mal à' tête j'ai mal au coeur pour vrai j'avais la grippe toute la journée j'ai trimé fort pareil j'voulais en finir avec toi la forte qui règne depuis les Grecs et même avant que ça s'écrive: depuis tout l'temps peut-être. J'ai vu ton masque dérisoire qu'ils avaient placé là pour mieux nous diviser entre nous toutes pi entre nous autres toutes seules.

JUNON-la-jalouse  celle de moi ne fut rien comparée à l'autre que je n'avais su reconnaître c'était encore toi pourtant. Mais de l'une à l'autre tes visages différaient. Et de toi sans l'autre ne sus que soulever à grande peine ton écran je vis elle tordue cognée pétrifiée pour posséder de moi tout ce qui m'était bon arracher de moi dans une nuit sans nom objets corps lit amant travail plaisir enfants enfants et tout de mes amours et tout de mes vies.

«I want you so badly i want you so badly
i would not be so all alone
i would not feel so all alone» (Dylan, d'après l'écoute)
jusqu'à empoisonner gâteau de fête pour tuer ceux
qui m'aiment avec moi tu disais

JUNON-la-jalouse pourquoi plaisir de moi détrui-
rait-il le tien? Sait pas sais pas où pourquoi comment
dis-moi les jouissances de moi viendraient réduire
les tiennes? Sait pas sais pas. La mémoire de toi
s'absente et ton silence ne me consume plus. Sans
ma question malgré serait le lieu de ma fin. T'ai vue
crouler sous ton envie de moi ta pièce est maintenant
fermée et tu circules sans faim autour de ton propre
désir étourdie de ne trouver sans fin que ce que tu
imagines Trouée de toutes parts de choses à toi et
par toi convoitées me revient dans cette nuit

QUE TON IMMENSE CRI DE POSSESSION

«they stone you when you want to make a book
they stone you and then they'll say good luck yes but
They feel so all alone» (ibid.)

toi-tu as vu ta petite soeur téter le sein de ta mère
péniblement tu as grimpé sur ses genoux encore encore pour y goûter mais le geste d'ELLE brutal et le
regard sévère te dirent que ça n'était plus ton tour
ton heure ton temps et tu devins JUNON car te fut
plus pénible le bien-être contentement de la soeur
que le rejet d'ELLE «yes she aches just like a
woman but she brakes just like a little girl» et ça
n'est jamais pareil

## DES HARGNES S'ÉTENDENT SOUVERAINES
## SOUS TON MASQUE

*I've been throwned down into the nights of your sorrow* de là me parlera désormais aussi notre sororité.

mg

Son nom encore? Que je cherche et me remémore. quelque chose du souvenir initial m'échappe. Quelque chose d'ultime. Son nom.

Eux pourtant connaissent bien le mien. C'est en cela qu'ils me précèdent. Ils savent justement ce que j'ignore. C'est là qu'ils me dévancent. Ils connaissent en ce moment précis ce que je cherche.

La pièce est fermée. Ils s'y trouvent. Là où je n'ai pas accès des stratégies se dessinent. Mais alors qu'ils se reposeront, je serai en éveil et chercherai encore. C'est là, où justement stimulée par ma quête, les poursuivant de mes questions brûlantes, je les dépasse. Sans cet affût je n'existerais même plus. Je ne serais que le prétexte à leur rencontre, la raison même de l'intrigue qui les noue, le centre de leur aventure. Dans ce qu'ils consument de moi, entre eux, sans ma question, serait le lieu de ma fin. Ce qu'on nomme jalousie je l'appellerai Éros, condition même de ma survie. Et finalement la jalousie est affaire de connaissance. De même que le désir qui pousse à la demande. Même si aux questions que je pose me sera retourné d'eux que ce que j'en imagine. Fantasmes: amorces du récit qui me fera reconstituer ce qu'il en est de moi dans leur rencontre. C'est là, dans cette reprise vive et de toutes parts trouée que je vis.

La pièce est fermée. M'as-tu dit seulement que je n'y ai pas accès où l'ai-je rêvé pour mieux me laisser vivre entre vous? C'est toi mon amour que je cherche d'abord. La pièce est fermée et tu circules dans ton propre désir. Le mien pour l'heure consiste à chercher dans l'attente, c'est-à-dire, à être attentive aux moindres pulsations de désir de vous à moi.

Son nom encore? Suis-je certaine qu'elle s'appelait THANATOS où l'avons-nous inventée de toutes pièces pour nous empêcher à jamais de reconstituer ce qui nous lie à partir de cela qui, de toute évidence, nous sépare? Enfin, puisque nous sommes bien tous trois sur le qui vive. Eux à nouer les stratégies dont je suis. Moi à découdre les fils de l'intrigue où ils se trouvent.

La pièce est fermée et tu circules dans ton propre désir. Son nom encore? Que je cherche et me remémore.

m'a-t-elle confié un soir de novembre.

mg

*L'amour serait-elle impossible entre celles qui ont joui de toi et celles qui n'en ont reçu que tourments?*

Malgré tout l'amour que je vous portais, petites soeurs, j'ai choisi la tendresse de mon frère à votre guerre. Je vous ai vues répéter une histoire trop souvent décousue pour m'y laisser prendre.

La trop parfaite, celle qui n'avait jamais laissé tomber une pelure, la plus douce et la plus sermoneuse, devint soudain devant l'amour, remplie d'une telle rage que la bave lui coulait de la bouche. La trop parfaite devint si remplie de guerre violente qu'un long et pénible refus se glissa entre nous. Ce fut la fin de l'amour entre nous. La fin du groupe mais pas la fin de tout. Ce fut la rencontre de la guerre aveugle et de la guerre passée. Analysée. Le meurtre accompli, la trop parfaite se sentit tout de suite très bien. Si soulagée d'avoir enfin rompu avant de se démasquer. Comme autrefois au théâtre, le rideau tombait avant que les masques ne soient enlevés.

Elles étaient deux masquées et trois à découvert. Deux qui chiquaient derrière et souriaient devant. Trois qui servaient de prétexte au savant double-jeu. Pendant que vous baigniez, confiantes, dans une mer soi-disant de tendresse, tant de commérages circulaient entre elles, contre vous, tant de hargne. Pourquoi? Elles deux maintenaient une telle orgueilleuse assurance, une telle certitude concernant leur avance sur vous, qu'elles voulaient sans doute éviter la béance où elles seraient englouties si vous n'y aviez pas été pour nourrir le peu de vie qui leur restait. Je les ai vues vouloir vous tuer une à une comme on tue trop d'amour quand on souffre du manque. Si au moins j'avais vu leur souffrance se dire. Mais non, c'est pas possible, on ne peut y accéder, frigides.

Le froid m'a quittée. Je me suis reconciliée avec l'automne, mais il fut le plus long.

mg

tais-toi thanatos
le plaisir vient
sans quon crève

la joie pousse comme de l'herbe
sur sa queue

en mon antre
c'est la flore-fontaine

tais-toi thanatos
pousse-toi
ôte-toi

lui et moi
on jouit
on jouira

sans être tristes
après l'amour
avant
et pendant

décolle thanatos

db

Or,

Croyaient avoir fini d'explorer l'histoire de,
l'homme.
Avaient éliminé Dieu. Pour un bien court temps.
Se sont mis à croire aux martiens, aux extra-terres-
tres.
*Pendant que partout des femmes venaient au monde.*
Passaient aux planètes d'ailleurs, au sidéral, au
cosmos, au gouvernement mondial, à la planète uni-
fiée par la communication. Toujours possédés par
l'ailleurs, le sacré, leur idée fixe: le changement de
dynastie.
Pour ne pas voir que nous avons commencé à bouger.
Blanchissaient nos cris. Les gommaient.
C'est pas un adon. C'est dans un vieil inconscient
collectif.
Font avec moi de l'accidentel. Des soutiens-gorge
brûlés sur la place publique. De l'exotisme.
Comme on a fait aux Noirs et aux Indiens.
Devant moi, bétonnent leurs yeux et leurs oreilles.
Qui entendra mes cris?

M'ont prise comme éphémère venue danser dans le rond de lumière de leurs lampes. Puis, quand virent que je voulais vraiment, se sont détournés de nous. Ont mis des chapes de plomb à nos esprits.

Cinq millions d'Américaines ont lu: *La femme totale,* oeuvre dégénérée d'une Pink Panther. À Noël 76, il n'y avait que ce livre, près des caisses, dans nos librairies.

Pendant que se diluait dans leur système de communication notre féminisme. La tapetterie de l'esprit reprenait le pouvoir. Les curés, leur pogne: le Charismatique multiplie par mille chaque jour ses nouvelles(eaux) adeptes. L'athéisme n'est pas démodé. Ni l'anticléricalisme. La religion flambe de nouveau en nos murs.

À travers leur émancipation sexuelle, ils ont revendu aux femmes le goût de la virginité. Du vase sacré. Dans le nagual et ailleurs.

Celles qui ont fait de tous les hommes l'ennemi principal, nous ont enlevé une prise sur le monde. Les ghettos amincissent les vraies batailles et les détournent.

Il fallait être certaines que notre lutte ne passerait pas par la lutte des classes. La lutte des classes fut tellement mise de côté que nous ne nous sommes pas aperçues que poussait le mépris pour les malnanties dans nos mouvements féministes. C'est arrivé concrètement à Paris, à la maison d'édition Des femmes, entre autres, où les mal traitées furent non par hasard la prostituée, l'ouvrière et la taularde. C'est pareil ici aussi.

Nous avons continué à reproduire les mêmes fautes du système tant dénoncé.

Les cheftaines du féminisme, en voulant détruire la vieille imagerie, ont rendu tabous les hommes, la beauté, la fête, la séduction, la plaisance. Pris la rigidité pour de la rigueur et se sont trompées d'ennemi. Créé des luttes entre lesbiennes et hétérosexuelles et joué envers les femmes en quête de changements le même rôle que mères et religieuses castratrices.

La découverte du clitoris niait le reste du corps.

La découverte de la maternité rejetait la paternité.

La découverte de l'autonomie éliminait les histoires d'amour.

Pendant que les lesbiennes et hétéros se regardaient comme chattes et souris, nous ne parlions plus de notre cul et ainsi nous avons arrêté de nommer notre sexualité. Il y eut un arrêt.

Pendant que nous nous chicanions, la lutte s'arrêtait.

Pendant que les options pour les émotions devenaient les seules valables, nous avons oublié de raisonner notre lutte et elle bifurquait.

La publicité récupérait. Les mass média s'amusaient de nous. Nous étions devenues des amuseuses publiques. Elle s'était trompée d'ennemi et elle portait le serpent en son sein.

Un chroniqueur écrivait au début de 77, dans Montréal-Matin, que le fait politique le plus important de 76 était le net recul du féminisme: les batailles perdues pour les congés de maternité, le salaire égal, les procès de viol, les droits légaux des femmes s'y sont enfilées à une vitesse folle.

Pendant que nous ne parlions que d'amour et de tendresse, chez-nous, les femmes, pendant que nous oubliions de nourrir nos haines, les minces victoires se démaillaient.

Et moi, je file aujourd'hui un bien mauvais coton.

Nous nous sommes quittées, les femmes, sur ce qui nous divisait.

Au lieu de nous unir dans ce qui nous ressemblait.

Toutes les divisions de la gauche et de la droite, nous les avons répétées.

Nous n'avons rien inventé pour nous garder ensemble. Rien imaginé pour farcir notre solidarité.

Comme ils le voulaient, j'ai été éphémère et il m'en monte à la bouche un goût amer.

Même nos cinq. CE N'EST PAS UN ADON.

Il y a un an, je me croyais irréversible dans l'histoire.

Je nous cherche ensemble.

Ils le veulent si peu. Comment le serons-nous?

db

Cé-tu moé
ou bendon hier
tu m'prenais
pour un verre de terre
Cé-tu moé
ou bendon
on est le 8 mars
Cé-tu moé
ou bendon
le steak
qui é pas bon
Cé-tu-moé
ou bendon
les planchers
qui sont frettes
cé-tu moé
ou bendon
les journées
qui sont longues
cé-tu-moé
ou bendon
l'printemps
qui s'en vient

db

Huguette Gaulin

La phallocratie est introjectée. On le sait. Peu
de femmes pourtant s'y risquent à y descendre et
l'extirper, ça se comprend; par peur de représailles,
on nétale pas ainsi ses faiblesses. Mais lorsque certaines font semblant de s'y plier, comme à un jeu théâ-
tral, entre elles s'installent les formes de pouvoir les
plus subtiles et les plus dangereuses qu'il n'aura jamais
été donné à l'homme d'éprouver. Car non seulement ce pouvoir se donne comme douceur, comme
tendresse et peut donc difficilement s'apercevoir, se
repérer, mais il ne se jouit même pas d'aucun côté,
le plaisir faisant partie de ce qu'il abhorre le plus. Je
préfère mille fois la jouissante servitude d'*O* à la
soif désertique de celle que tu n'abreuves pas, ô toi,
maîtresse terrible qui trône grâce au mensonge le
plus raffiné. Et ton travail acharné ferait-il donc
partie de ce qu'il nous faut encore endurer pour
découdre, jusque dans ses replis les plus cachés, des
siècles de domination? Sans doute allai-je jusqu'à
le susciter, sachant qu'en toi se trouvait cette prise
de pouvoir inversé, pour arriver enfin à ce qu'il n'y

ait plus jamais de mort dans Éros? Fallait-il boire jusqu'à la lie son fiel pour parvenir à l'océan d'amour dont je m'étais si souvent abreuvé? Combien fallut-il, autour de nous, exclure de thanatos pour enfin toucher les rives de la fin de la mort même d'éros?

*Lorsque tu m'a quittée, Mort-Éros, je tournai longtemps autour de mon corps nouveau et n'osais plus me prendre dans mes bras.*

*Je m'aime dans mon corps que j'ai laissé vivre dans sa soif. Je m'aime dans mon corps que j'ai laissé vivre dans sa faim. Jusqu'à la lie de ton désert sans nom.*

Ça rôde en dedans de moi.

Dormir avec appétit, oui, maintenant, dormir un peu. Manger avec abandon. Puis, faire un jeûne de sommeil. Et laisser venir les mains de la présence sur mon corps attentif. Puis, marcher sur la pointe du coeur. Nous étions muselées. Ensemble, nous sommes devenues nos muses à chacune et j'ai perdu une à une mes épelures pour mieux les retrouver autrement. J'en ai fait de la tisane avec un peu d'alcool dedans, me méfiant autant du brouillon que de la perfection. J'ai nié moi-même. On m'a niée par le génie des autres. Puis, je me suis rencontrée dans le niement des autres. Entre nous, nous nous sommes dénouées.

c'tu moé ou ben si c'était frette ce soir-là?

c'tu moé ou ben si c'était pas mal noir?

c'tu moé ou si j'en pouvais plus?

c'tu moé ou ben si j'avais soif à mourir?
c'tu moé ou si j'pensais crever?
c'tu moé ou ben si j'étais folle?
c'tu moé pi toé ou si c'était eux autres?
c'tu moé ou si c'était le pouvoir?
c'tu moé ou si j'étouffais?
c'tu moé ou si y avait trop de bruit?
c'tu moé ou si la haine couvait?
c'tu moé ou si a m'a frappée?
c'tu moé ou ben y m'semble que j'étais pas
                          toute seule?
c'tu moé ou ben si j'ai dormi longtemps?
c'tu moé ou ben c'tu toé qui voulais tant m'tuer?
c'tu moé d'avant, c'tu moé d'asteur?
c'tu moé ou ben y m'semble que j'me sus
                        réveillée à côté d'toé
c'tu mes bras, c'tu tes bras,
y m'semble qu'on est pas mal mêlés?
c'tu moé ou ben c'tu toé
tue-moé pas, tue-toé pas
j'veux pas t'tuer non plus
c'tu moé ou si on est ben d's'aimer.

«mais la passion ne cesse pas d'être une force
et son sens est dans la pratique»
*Nouvelles Lettres Portugaises*

La vie est-tu drôle un peu? J'vas danser, c'est toute,
y'a certainement pas d'mal à ça, j'vas danser de
c'temps-là, même si y'a des funérailles à mes côtés.
Mais en tous cas j'vas danser même si y'a une mort
à mes côtés. Chus juste pas obligée d'éclater d'rire
en face de ceux qui braillent sur le corps froid.

mg

53

En être venues à dire: si j'ai besoin de l'amour, c'est que je suis malade.

En être venues à lire: dans un monde de justice, aurions-nous besoin de l'amour?

En être venues à penser que l'exercice de l'amour était un exercice de pouvoir.

En être venues là!

Ce n'est pas l'amour en soi qui soit un si grand escogriffe qu'on doive le détruire.

Ne pas se méprendre.

La pratique de l'amour en soi est bonne.

Les amours sont bonnes si elles me font du bien.

Ce qu'il faut distinguer c'est l'amour pourrite de l'autre: celle qui me comble de joie.

Quand on n'en fait pas un règne. Le règne de l'amour.

N'ais-je pas au plus profond de moi, au plus pur de moi l'ultime besoin, l'infini besoin d'être au moins pour une personne celle qui compte le plus. Et être pour plusieurs quelqu'un que l'on aime beaucoup. Plus que bien. Beaucoup.

Suffit de prendre l'amour pour ce qu'il est.

Savoir ce qu'il n'est pas.

Parce que j'ai trop besoin d'être aimée. Aimer quelqu'un qui ne nous aime pas, c'est s'arranger pour passer à côté de l'amour. C'est s'organiser pour rester seule parce que l'amour nous fait peur. Aimer du monde qui ne nous aime pas, c'est pas engageant. On se fait accroire que l'on souffre. C'est une fausse souffrance. C'est du misérabilisme. On jouit de ma misère. Je suis celle qu'on n'aime pas. C'est ma particularité. C'est ta sécheresse aussi. Et l'on donnait aussi sa vie à Dieu. C'était une façon de ne pas chercher ni trouver l'amour. Moi je ne veux que des amours absolues. C'est tout ou rien. L'absolue, on en fait, on en joue et l'on passe à côté de soi et des autres. L'absolu, là-bas, loin, très haut, si haut que j'y serai seule à voler. Sans condition. Là-bas. Le ciel en est le prix. L'absolue, l'impossible. Loin, loin.

Hors d'ici.

Monstruosité. Mythologie. Dépossession de soi.

Mystique. Enluminures. Fascisme. La perfection fasciste.

Déconditionnement de l'être humain.

Hors de ma condition humaine, je m'en vais éthérée, vers les grands Esprits. Là-haut, là-haut et le prince charmant tout à cheval sur son cheval blanc ailé, taratatatataratata...

Ce qu'il faut savoir: le boutte du boutte, ce qu'il y a de meilleur, c'est moi, femme de chair et d'os et d'esprit.

C'est toi les hommes d'ici et les enfants de nous. Pas l'Homme, pas la Femme, en échange de Dieu, mais je-me-moi et tu-te-toi.

Et je pense à Anna de Noailles qui disait: le féminisme n'est pas pour nous éloigner d'un homme mais pour lui appartenir infiniment plus qu'il n'a jamais même osé l'imaginer.

Et moi, si je suis à toi, c'est à condition que tu tiennes compte de mes conditions! Ça n'est pas dans l'Absolu.

Avec toi, mon esprit se motorise. Ma chair se fait chair.

Et si l'amour existait, nous aurions encore besoin de la justice qui en est une manifestation.

*Si on était rendue à aimer l'amour. Assez pour ne pas en faire quelque chose de sacré.*

db

J'ai revécu avec nous toutes, l'immense pouvoir de la souffrance, le chantage à la mort, à toutes les formes de morts, celui du suicide n'étant que l'une d'elles. Pourtant, je m'étais crue guérie de ces atteintes les ayant, pensais-je, à tout jamais exorcisées. Mais voilà, c'était sur le terrain des hommes. C'est bête, mais je n'avais pas cru ce pouvoir possible entre nous, femmes. À force de vouloir être aimée, je suis allée jusqu'à revendiquer sur ce terrain aussi. C'est le problème d'O, sa force et sa faiblesse. Elle presse l'orange désir pour qu'il en sorte du jus tendresse. Quitte à ce qu'au passage, son sexe, son écriture, ses paroles mêmes soient niées. Et l'éveil se produit quand la souffrance reçue dépasse la jouissance. Avoir consumé jusqu'à l'absurde les chemins de l'amour. Ceux du partage. Je croyais mon O finie, morte. Je la croyais protégée sur le terrain des femmes. Je me trompais. Je l'ai revécue là, identique, et maintenant je sais. Enfin je respire avec les deux sexes. Il me fallait, chez les deux, creuser très loin. Après cette soirée macabre, ai sué toute la nuit trempée, comme il y a dix ans avec toi mon petit frère disparu et fou de rage d'aimer. Toi aussi mort-éros. Me suis vidée cette nuit-là de toute mon O. Mon corps a pleuré par toutes ses pores. Je suis bien. Délivrée. Non, tu n'avais pas raison d'écraser de ta mort. Non, c'est faux, ma vie en est la preuve, ce que tu as dit: «le grand amour avec sa petite prise de pouvoir sur au moins une personne c'est encore beaucoup trop». Absurde et alléchante vérité de toi qui, pour craindre trop l'amour, lui substitue la possession. Pas plus la fin d'aimer ne peut produire la vie que ton pouvoir, la tendresse. Et si tu n'es pas, l'espace d'un instant, la préférée de quelqu'un, de quelqu'une, ton corps rigide ne donnera jamais douceur et repos. Si tu ne peux préférer ton fils, ta fille, ta mère ou ton amant à tous ceux d'à côté, c'est que tu n'aimes nulle part et tu n'aimes personne. Je dirais même que si tu ne te préfères pas à moi, tu n'es que haine pour moi et pour toi, de l'aube jusqu'au crépuscule et de la tête aux pieds.

S'il n'y a pas chez toi de séduction aucune se pourrait-il que tu n'aies jamais regardé ta mère en jouissant de son sein? Ou que tu l'aies trop regardée pour en jouir? Se pourrait-il qu'une vie entière se passe à faire tourner le premier lait que tu suçais? Les bras de ton père furent-ils de fer et toi éternellement liée aux étriers?

Et tu te réfugierais dans un grand couvent raide et sombre te choisissant une papesse froide pour te parler d'un Dieu caché et lointain? Vos rires saccadés et rauques seraient entendus dans les nuits chaudes de ceux qui s'aiment? Vous vous construiriez des mises en scène étranges où seules seraient admises les nonnes asséchées? Peut-être serait-ce là votre ultime soubresaut de vie? Coupables de toujours exclure, vous seriez enfin l'objet de vos propres censures, intemporelles et inutiles recluses? Et vous auriez choisi de ne plus même écrire, les mots étant un don de trop, contrairement à cette religieuse dont vous n'avez calqué que le nom, Mariana Alcoforado qui s'enfermait, oui, s'exilait mais donnait à celles qui suivraient les *Lettres Portugaises* sur son amant, sur sa passion? Alors que comme tant d'autres on l'enlevait à l'amour, vous décidiez de vous en extraire, sans doute, pour ne jamais l'avoir éprouvé?

## JE N'AI PAS EU PEUR QUAND LA SÉDUCTION S'EST INSTALLÉE ENTRE NOUS

je t'ai vue rire d'écrire Denise comme une petite qui pleure dans son oreiller. Tu avais l'air si contente que du rose de tes joues éclairait ta feuille.

## J'AI EU PEUR QUAND LA COMPÉTITION S'EST INSTALLÉE ENTRE NOUS

Je t'ai vue te crisper Denise sous les concours de perfection. Il y eut entre nos cinq des rivalités de textes, de tables, de lits, de corps, et d'amours. Il y eut même des rivalités de silence. Que les mots semblaient d'or quand la muette les proférait. Je t'ai cédé, petite, ma place dans le lit, puisque tu voulais toujours le meilleur de tout et t'ai laissée à ta guise conquérir la papesse statufiée. Je dormais alors à même le plancher, je retenais mes textes comme si tout de mes forces vous enlevait les vôtres; je m'exerçai même au brouillon parfait, te laissant verser à ton aise le café sur mes feuilles. Je serais allée plus loin encore jusqu'à ce que l'amour retourne de ces dominations.Mais plus tard j'ai compris que ton long silence calculé ainsi que vos multiples cachots ne faisaient que préparer la voie à l'ultime guerre qui vous stimule.

## LA RAISON DU SILENCE ACTUEL DE LA PAPESSE

### (pourquoi ne risque-t-elle pas de texte)
### RÉSIDE DANS LE FAIT
### QUE SES MULTIPLES
### MENSONGES ONT ÉTÉ APERÇUS

Tu les auras peut-être eus, eux, un à un, en falsifiant à la fois colères et jouissances. Mais on ne joue pas avec celles qui, vois-tu, avaient tant de morts derrière elles; tant de vies; tant de retournements, tant de guerres décousues; tant de voyages initiatiques aux confins mêmes de la raison consciente; tant de jeux décousus et de jeux recousus. Des vies refaites en beauté avec les plus minces retailles. Oui tant de beautés profondes, que la tienne affichée comme s'il n'y en eut point d'autres, ne faisait qu'inlassablement renvoyer à la façade hypocrite contre laquelle l'amour véritable se fracasse toujours.

Et toi, ma belle, tu m'avais dit que l'amour ça ne se soustrait pas, ça s'additionne. Je t'avais crue et je te crois encore. Que l'amour de lui pouvait se dire à elles sans pour autant en diminuer le nôtre. On pouvait tout se dire entre nous mais pas tout l'temps, vois-tu, puisque l'amour de moi dit sans contraintes, fit rugir à leur heure choisie les coyottes meurtries. Lorsqu'il fut temps pour moi de m'ouvrir de mes peines, devant tant de confiance risquée à tous vents, ce fut le temps pour elles de fermer leurs demeures et de se réfugier avec cela qui pour toujours peut-être ne se rouvrirait plus. Nous n'avons fait péniblement que répéter l'histoire. Peut être cela avancera-t-il à quelque chose de le dire? Mais comme bien d'autres avant nous qui osèrent se risquer de tant de confidences, longtemps leur paroles libérantes ont dû se cogner sur le roc de la vie quotidienne, avant de pouvoir filer vers d'autres mains et se faire caresser d'elles.

*Mon amour, si je suis avec toi dans la séduction tendre, dans la douce passion, dans la jouissance aimante, c'est que nous parcourons ensemble les lieux de la dépossession.*

mg

Entre chien et loup, le chat dort. Quel terrible cinquo de la tarde.

Dans la porcelaine du soir, la mort tombe ses acquis.

Dans une confiance solide, je me suis attablée à nos cinq.

Dans la porcelaine de l'ébranlement, chaque fois que nous sommes tombées sur le mince choix du noir ou du blanc, du bon ou du mauvais, la rigidité a violé l'imaginaire, bloqué nos élans, détourné notre énergie, nous a rendues coléreuses, chicanières et pleines de quant à soi, a flambé nos émotions à des feux aucunement purificateurs.

La rigidité est un manque de rigueur.

Tant qu'il reste de la chair de dieu entre les dents, la parole est filtrée, abusée, faussée.

Il leur restait de la chair de Phallus entre les dents.

De la rigidité j'ai appris que les Rosenberg meurent tous les jours.

Moi, je sais que la haine n'est pas le contraire de l'amour. Mais l'une s'oppose à l'autre. Ce sont deux sentiments qui n'illustrent pas les deux côtés d'une même médaille. Les sentiments qu'éprouvent la mère pour ses enfants en est le plus bel exemple.

Ce sont deux sentiments puissants qui se nourrissent de façon différente et qui ont en soi des sièges différents. Il en va d'eux comme du plaisir et de la douleur. L'un n'annule pas l'autre.

Ils cohabitent en nous en des lieux différents. La pratique de l'amour n'annule pas non plus celle de la haine. De même que le terrain de la tendresse ne détruit pas le chemin de la colère.

Il y a culpabilité et chaos lorsque l'on s'imagine que la haine va contre l'amour. La femme aime l'homme. Elle en jouit. La femme aime ce qui la rend bien dans l'homme. Dans un même temps, la femme hait dans l'homme le rapport de force qui la dégénère.

Quand la violence du rapport de force la fera trop souffrir, quand la haine lui fera plus de mal que l'amour lui fera du bien, la haine l'emportera et la femme quittera l'homme. Mais l'amour pourrait aussi l'emporter sur le rapport de force. Ça se voit.

Il faut se croire immortelle pour laisser la haine nous enchevêtrer toutes. Il n'y a que celles qui savent qu'elles sont mortelles pour exiger la victoire rapide de l'amour et du plaisir.

Les autres manquent de rigueur. Pour des p'tits bonheurs, ils manquent toute joie.

Le bonheur et l'art et la littérature s'achètent et se vendent. Mais la joie et la création n'ont pas de prix.

Quand je m'attable à nos cinq et que ma parole m'est renvoyée en mépris et en silence, je sais qu'il y a de la rigidité quelque part et que quelqu'une s'y fait fourrer et que ce n'est pas moi.

J'apprends à aimer ce qui me fait du bien et à haïr ce qui me fait mal et ce sont deux choses différentes.

Elles me rendent vieille, si vieille qu'il est totalement idiot de rester avec elles pour les laisser achever de me défaire. Ma mort est derrière moi. Je ne les laisserai pas la ramener en avant avec leurs sparages de saint-graal, de tombeau de christ, de bouteille de lumière et de vase sacré.

Ils s'étaient bouché la vue avec
leurs queues.
Tant va le pénis au feu qu'à la fin
il coule.

Elles avaient des amitiés qui refroidissaient le coeur le
plus chaud. Elles voulaient me sortir de l'amour de
toi avec des exigences d'exclusivité qui auraient occupé
tous mes samedis soirs.

Homo sapiens dans l'plus mince,
vous venez vers moi nerveux.
Comme on retourne sur les lieux
du crime. (à Miron)

Elles inventaient des outils de lutte *pacifiques* parce
qu'elles ne voyaient pas que leurs larmes mouillaient
encore toutes les mèches de nos bombes. Parce
qu'elles ne voulaient rien changer.

Belle. Re-belle. M'a t'étampé mon
détrempé.

Elles                    Ils se sentent victimes de cette force
qui m'est donnée et à travers la-
quelle on voudrait bien passer.

Ils disent: droits des femmes et
autres fabulations.
Allez-vous en. Le ridicule vous
égratigne.
Allez-vous gratter.

Un soir d'alcool et d'espérance, je vous ai rejeté-ées
dans l'inimitié. Les images me montent à la tête pendant que de toi, André poussent des caresses. Et
dans la parole de Madeleine et de quelques autres.
Dans l'alcool, une énergie me sort de la bouche
vous aime et les écrase.

Je recommence encore ma vie, en amour et ailleurs, sans peur. Et ce n'est pas de l'alcool à fiction. Il y a des promesses.

db

**Texte de la première
qui ne parle pas.**

## Lettre à une coyotte enragée

Étouffer la parole n'a jamais été et ne
sera jamais un geste de tendresse. Il ne
suffit pas de dire tendresse pour qu'elle
existe, les psychologues les plus fascistes
n'ont que ce mot à la bouche. Tendresse,
tendresse, écoute, pendant que je te
déchire. Empêcher que les cris sortent,
quels que soient le ton et la texture de ces
cris, ça n'est pas de la tendresse, c'est de
l'oppression déguisée, le gynécologue
qui retient le bébé de sortir quand il est
prêt pose un geste aussi violent que celui
qui provoque quand il n'est pas prêt. La
torpeur n'est pas la tendresse. Ni le
silence. Ni l'apathie. Ni le statu quo. Ni
le refus d'entendre. Tout ça, c'est du
pouvoir déguisé. La crise m'a fait voir le
lieu de ton pouvoir: là où tu empêches, là
où tu enlèves à l'autre sa force; là où tu
castres. On ne le voit pas au début, vu
que tu n'exhibes aucune force et que l'on
a l'habitude de confondre force et
pouvoir. Peut-être auras-tu décidé
d'hiberner jusqu'à la fin du monde? Ma
saison et ceux qui s'y trouvent avec moi
me comblent. Rien n'est soustrait pour
moi de ce manque puisque dès le départ,
nous avons toujours vécu du manque
d'une. Tout s'est merveilleusement
additionné aux amours que je vis et
merci à chacune, y compris à moi-même,
de ce plus...
mg

*chanson*

va don t'cacher
va don t'coucher
je tremble de toutes mes feuilles
nous entrons dans la présence
on croyait que c'était l'autre
l'amie, la mère, la soeur, notre pareille
nous tremblons de toutes nos feuilles
j'entre dans ma présence
va don t'cacher
va don t'coucher
que cé qui va s'coucher Odette
cé tu la gravité cé tu la tendresse
au chant de l'alouette
ah! le beau geai bleu, la rose hirondelle
tu trembles de toutes tes feuilles
j'entre dans ta présence
va don t'cacher
va don t'coucher
que cé qui va s'coucher Madeleine
cé tu la porte ouverte à n'importe quelle page
cé-tu ton assurance et sa vieille innocence
au texte du mot qui se glisse
cé tu la crainte de ta beauté
j'entre dans ta présence
va don t'cacher
va don t'coucher
que-cé qui va s'coucher Marie-Francine
cé tu ta solidité cé tu l'contrôle
cé tu l'émotion dans ta jaquette crème
cé tu ce que tu retiens

cé tu ta chatte qui s'endort encore
j'entre dans ta présence
     va don t'cacher
     va don t'coucher
que cé qui va s'coucher Denise
cé tu la citrouille su l'sundae
cé tu ta folle ton imparfaite
cé tu ton jeune engouement
qu'aurait peur des engoulevents
cé tu c'que tu retiens pas
j'entre dans ta présence
     va don t'cacher
     va don t'coucher
que cé qui va s'coucher Patricia
cé tu ta nouvelle virginité
cé tu ta peau d'actrice ton don des larmes
cé tu parce que t'as pas eu peur de sonner des alarmes
cé tu les risques que tu prends
j'entre dans ta présence

db

69

*Lettre à une seconde coyotte...*

Je t'écris pour te parler d'un rêve où tu te trouvais comme en pleine réalité. Je l'ai intitulé : **le sundae aux fraises.**

Ça se passait avant la marche et avant le procès. Nous sommes tous enfermés dans un immense camp de concentration. Quelque part dans un Nord mythique avec des barbelés autour. C'est la nuit et j'ai faim.

Par quels stratagèmes arrivai-je à reconstituer ce délicieux sundae aux fraises de mes quinze ans? Au travers des barbelés, sans me déchirer, à cueillir dans un champ doux de juillet des fraises? Passer le champ, sans être vue ni prise, à atteindre une ferme pour y trouver des crèmes que je fouetterai dans la cuisine paysanne? Et puis toutes ces autres saveurs? Je me souviens surtout des guimauves fondues et des noix émiettées que j'ai dû dénicher dans une petite forêt en bordure des terres.

Revenue au camp, mon sundae superbe devant moi, je m'apprête à le jouir quand la voix grave et sévère d'O — celle qu'on lui connaît si bien — quand sa voix qui fait rouler sur moi d'immenses yeux de juge ou de vierge offensée me dit:

—tu ne peux manger de sundae aux
    fraises!
—pourquoi?
—tu ne peux, c'est impossible.
    Nous sommes dans un camp de
    concentration!
—Pourquoi? Je l'ai fabriqué moi-
    même. J'ai tout trouvé, quelque
    difficile que cela me fut, pour
    jouir de ce que j'aime…
—tu ne peux pas C'est impossible.
    Nous sommes dans un camp de
    concentration. C'est impossible
    que tu aies, que tu manges un
    sundae aux fraises. Ça ne se peut
    pas.
—Pourquoi, puisque c'est là,
    devant moi, et que j'en ai envie?

Alors scandalisée, elle me répond:
—Ici, tu n'as pas le droit de jouir.

Autrefois, coupable dans mon état de
bien-être face à son dénuement, j'aurais
cédé à ses semonces, me serais laissée
censurer et castrer. Comme elle,
consciente de la domination de l'autre
sexe sur le nôtre — et de tous les rapports
d'oppression — j'aurais imaginé, par ses
remontrances, infâme d'être heureuse
malgré tout. J'aurais cru que la
solidarité m'obligeât à m'étouffer moi-
même pour rejoindre celles qui se

tenaient emmurées. Comme si la fin de
mes jouissances eusse pu changer
quelque chose à l'immense froideur qui
nous entoure. Comme s'il fallait ajouter
aux souffrances générales un chapelet de
frigidités initiatiques. N'ayant pu, cette
fois-là, répondre aux remontrances, j'ai
dégusté mon sundae aux fraises, tout le
reste de la nuit. Il y eut bien cette nuit-là,
deux saisons dans l'une, un pays dans
l'autre et même une nouvelle histoire.

(Je dirai ce que je peux quand je peux à
qui je peux à qui je veux plus de ces
liaisons piégeantes collectives des jeux
de vérité jusqu'à ce que la tienne étalée
ne soit plus reçue selon le moral principe
d'un temps inopportun, d'un lieu mal
choisi, quand de recevoir toutes les
vôtres quand cela vous plaisait souvent
m'écorchait vive mais je vous recevais
n'ayant fait qu'un pari celui de l'amour
à tous risques. Jusqu'à me faire crier un
jour le lieu de mon pouvoir à moi, de ma
perfection, de mon isolement et à les
retourner sans cesse ces mots pour ne pas
les vomir dans ce que je nommai mon
jardin des oliviers. Et toi la si douce,
jamais pouvoir de toi ne fut nommé, à
m'y risquer un soir, c'était la mort de
toutes que tu voulais plutôt que de le
partager. Et à la fois c'était d'être reçue

mon grand besoin, comme je le fus
ailleurs, comme je le suis encore. Mais de
vouloir tant que ça se multiplie, ça se
transforme, m'avait fait oublier
combien de loin nous venons toutes et
qu'à ne pas se confronter chacune aux
effets de l'histoire qui nous fit
emmurées, dans ce très long et patient
travail d'analyse jusque dans le plus
creux des nuits fantasmatiques, nous
risquions de la refaire semblable, cette
histoire, quoiqu'ensemble et à l'envers.
Et là, une fois pour toutes j'ai franchi
l'immense muraille de votre monastère.
De toute mystique et mystification. Des
chefs, des guerriers, conquérants,
belligérants. Des sorcières. Des maîtres,
et maîtresses de sagesse. Des spécialistes
de troisième boutte de l'abnégation. De
la sublimation. De la dénégation. De
l'anonymat coquet et du mensonge
quand ça convient. De la vérité quand ça
convient aussi. De la perfection. Du
pouvoir déguisé en magie. Des vedettes
déguisées en nonnes. Des vedettes si
subtiles qu'elles s'auréolent du silence et
de l'anonymat. Soi disant pour éviter
une gloire qui finalement les obsède.
Dans trop de perfection il y a trop de
folie. Oui tu avais raison petite soeur
gripette tout ça c'était du moi / je dalot.)

T'en souviens-tu de toutes nos
questions? T'en souviens-tu dalot? T'en
souviens-tu sexe-censure? T'en
souviens-tu sexy-jupons; Éros, plaisir,
jouissance, désir, passion. T'en
souviens-tu tabou? T'en souviens-tu
séduction? Et tes questions? «Qu'est-ce
qui se règle dans le lit?», moi vierge dans
mon nouveau sexe; «c'est quoi
l'envoûtement du cul, des fesses?» Que
heurtions-nous de ces folles amours si
non la folie même de ne vouloir aimer?
Baiser. Lit. Seule, te fais-tu du bien?
Que t'enlève donc le sien alors? Te
souviens-tu quand l'amant vint sur la
montagne? Ce fut le commencement de
la fin. Plus aucun texte après cette nuit-
là ne s'écrivit à la table commune. Dalot
aussi la colère des louves au matin. Te
souviens-tu que tu n'eus pas le droit de
jouir à ta façon et lui à la sienne?

Les trois amantes se retrouvèrent d'un
bord et la censure à deux faces de l'autre.
On n'exigeait pas de vous la jouissance,
pourquoi avoir voulu tuer la nôtre?

T'en souviens-tu belle plotte juteuse et
jouisseuse combien, pourquoi, elles se
sont crues en avance de toi? Supérieures?;
Plus loin? Plus sages? Premières de
classe? Plus parfaites? Plus utiles? Tissu

de mensonges et broderies piégées pour
camoufler leurs lits de froideurs moisies.

*Si j'ai choisi de toi la présence c'est d'y
avoir touché ton immense tendresse.*

mg

Moi-JE MAINTENANT / moi-je livre de nos cinq / *moi-je sais pas* / moi-je pouvoir / moi-je nous autres / *moi-je mes fesses* / moi-je tabou / *moi-j'ai le goût pas le goût de* / moi-je bloquée / *moi-je mal au ventre* / moi-je sais pas / *moi-je dalot* / moi-je histoire / *moi-je lutte de classes* / *moi-je lutte sexuelle* / moi-je d'abord / *moi-je personnage* / moi-je moins mal au ventre / *moi-je vulnérable* / moi-je rien à dire / *moi-je le risque* / moi-je peur / *moi-je pus mal au ventre* / moi-je rire nerveux / *moi-je à quoi qu'on joue* / moi-je très chaud / *moi-je la famille* / moi-je patience / *moi-je confiance* / *moi-je impatience* / moi-je impatience aussi / moi-je encore mal au ventre / *moi-je parole* / moi-je silence / moi-je dilemme / *moi-je curieuse* / moi-je horreur du noir ou blanc / *moi-je horreur du gris* / *moi chus tannée* / moi-je bloquée / *moi-je débloquable* / moi-je diarrhée / *moi-je nous autres* / moi-je c'est quoi / *moi-je baisage* / moi-je éros / *moi-je thanatos* / moi-je terreur / *moi-je texte* / moi--je sexe / *moi-je colère* / moi-je douceur / moi-je tendresse / *moi-je passion* / moi-je séduction / *moi-je porno* / moi-je viol / *moi-je danse livre* / moi-je putain / *moi-je mon O* / *moi-je désir* / moi-je censure / *moi-je vierge* / moi-je confiance / *moi-je maintenant* / moi-je la plotte / *moi-chus tannée* / moi-je veux lâcher / *MOI—JE VEUX CONTINUER* / moi-je amour / *moi-je contradictions* / moi-je maman / *moi-je délire* / moi-je lire / *moi-je folie* / moi-je sagesse / *moi-je jasette* / moi-je écriture / *moi-je révolution*

Nos cinq

jeudi 22 septembre 1976

Cher Journal,
c'est cher André que je voudrais dire et non écrire.
Il pleut sur Shawbridge et le cul me démange.
Goût de queue, de quéquette, de pénis, de verge, de
peau d'homme à toi, de tes mains, de mes mains sur
toi. Ou juste dans tes cheveux.
Y a quelque chose dans l'air de nos cinq qui me
chicotte.
Des écrivaines se retirent pour écrire un livre.
Parfait.
Mais, il y a quelque chose qui ne sort pas.
Six jours déjà de régression, de réflexion,
d'extrapolation dont certains textes m'éblouissent.
On est retombées en petites filles et ça nous éloigne
de plus en plus de notre chair réelle. On ronge des os
qui manquent de chair.
Petit à petit, nous nous éloignons de ce que nous
avions à dire, il me semble. C'est très ratoureux tout
ça.
Nous sommes des petites filles aux allures ludiques
et innocentes à qui il manque du lubrique et d'autre
chose que je ne sais pas voir. Ou ne veux pas.

Oké: des fleurs, des oiseaux, des rossignols, des
roses, des étoiles et tout paraissait périssable mais
semblait enchanté.

Gamines et nonnes...
Ailles les filles, on est laborieuses comme des
premières de classe.

Et la récréation? Ré-création.
Aille les filles, on s'est coulées dans l'image de la
petite fille fofolle, gentille, espiègle. Guedi,
guedi…Même moi.
Aille, les filles, on s'tire-tu en l'air?
Aille, les filles, cé pas une retraite fermée.
Aille, les filles, une Brador, pour délirer?

Il faut d'abord avoir soif.

Aille, les filles, j'ai soif
aille, les filles, j'étouffe
aille, les filles, je m'en viens hystérique
aille, aille, aille aille aille aille aille.
aille, Jack London est arrivé en ville
où cé qui sont les filles?

aille aille aille que cé qui y a

et je m'en vais travailler mes bouttes de textes
ça m'a fait du bien

aille les filles
longtemps longtemps j'ai eu la tentation de l'oeuvre
ce qui m'intéressait le plus là-dedans
c'était la misère de l'oeuvre
son côté monastère
sa solitude
sa préservation du monde
je me voyais en Émilie Dickinson
je voulais être une vieille fille abandonnée
solitaire plus même qu'un linceul
seule dans des vêtements noirs
dans une maison isolée
pour éviter la rognure du monde

pour m'éloigner même de la peur de l'amour
plus de la peur que de l'amour
qui aurait pu passer de temps en temps
comme un commis-voyageur
j'ai essayé dans mon corps et dans mon âme
de me rendre indigne des amours

être une vieille fille
comme je l'ai désiré
et ça passé proche d'arriver

aille les filles, aille, toi
arrête ça ton idée de couvent
et nous en soeurs en dedans
en jaquette de flanellette
aille, toi que cé que t'as que tu parles pas
regardez, elle et elle sont prêtes
elles ont plongé dans le texte

que cé qui y a qui marche pas

aille les filles la santé me reprend
je suis en amour
ma vieille fille est morte
je m'ennuie d'André
aille les filles

que cé qui y a

peut-être que l'ennui de lui s'est glissé
parce que nous ne franchissons pas un interdit-fille
pourtant non. pas pour moi. me semble.

Que cé qui y a de péter entre nous
On en parle-tu?

Nous nous sommes interdit de penser à lui. Sa
moustache. Sa barbe.
Son cul. Le vieux serpent de la pureté antidote du
sexe fait ses ravages.
Nous avons interdit nos chums; retour à la
virginité.
Nous nous sommes interdites à lui et à nous.
Nous sommes les vierges de l'écriture de femme.
Si j'étais juste un degré plus confiante en moi et en
nous, je partirais de go vers lui.
Pour douze heures.
Je reviendrais demain matin reprendre notre
rythme et notre souffle et notre texte et nos textes.
L'ascèse ne m'inspire pas. Elle me noire. Me feutre.
Me neutralise.
Puis-je me donner l'unanimité sur mon désir?
Je me marche sur le corps. Qui me propose un pont
pour dépasser mon désir, le transcender et
déboucher ailleurs?
Vous avez cinq minutes.
Et pourquoi refouler mon désir?

cé tu moé
ou ben don l'atmosphère
qui é tendue

cé tu moé
ou bendon le plancher
qui é frette

Ce soir, je me sens au couvent, au pensum.
De par une rigidité de quelque part et de par mon
propre pouvoir-caca.

L'air est épais icitte à soerre.
Je pourrais y aller le voir sans que cela s'appelle
plier bagage pour toujours à jamais
Ou, ce qui ne serait plus blanc deviendrait noir.
Désir noir.
Le scrupule rôde autour de moi. Il fait semblant de
garder silence, mais je l'entends avec son
maquillage de clown absolu.
C'est le corps ou l'esprit? C'est nous ou lui.
Jansénisme. Manichéisme.
Quand mon corps joue à s'oublier, j'entends le glas
de l'esprit.
Vierge et martyre d'un livre, je file un mauvais
coton.
Il faut avoir soif.
Merde à la divine torpeur de se sentir divine.
Que cé qui ya? Devine. Divine.
La bibitte a monte, la bibitte a mange pis on va pas
l'extirper avec une pince à sourcil ou le besoin d'être
correcte.
Ce qui est cru n'est pas ce que l'on croit être cru.
Je suis tannée des affaires de p'tite fille. On
s'parle-tu en femme?
J'ai des traces de break dans mes p'tites culottes.
Que cé qu'a manigance encore après son rejet
d'elle, de son cul, avec sa bouteille magique de
lumière qui la protège du viol. A dit les mêmes
affaires que les autres que les femmes qui se font

violer ont couru après sans se protéger…a renie son passé de baiseuse. Pas moi, j'ai eu du fun aussi.
Que cé qu'à lâ qu'a parle pas?
Sur quoi on a stoppé?

«La chasteté qui faisait jadis partie des voeux monastiques est entré dans le domaine de la morale commune».

Ma mort se balance au-dessus de mon ombre à hue et à dia, mais moi je ne suis jamais là.

Nous avons aboli le temps. Le temps d'être jeune. Le temps d'être vieille. Le temps pour chaque chose. Mais pas la classe des âges. Sacré gamine, tu crois avoir détourné l'éternité du père.

Pour moi, elle a séché et tombé comme un cordon ombilical.

Nous n'avons rien dit encore. Prenons le temps. Il ne faut pas tirer sur les fleurs pour qu'elles poussent. Prenons notre temps pour vômir les vieilles peaux du pouvoir. Prenons notre temps pour toutes les chier. Prenons notre temps pour en suer toutes les toxines. Tous les jansénismes. Prenons bien notre temps. La droite nous guette pour nous récupérer en rendant le dieu tentant, le chemin de la tendresse unique. En nous masquant de nos vérités. Le renouveau charismatique, le règne de l'amour à tout prix est une époque révolue qui ne veut pas mourir. Les religieux ont encore de l'opium à vendre.

J'ai dit un peu de ce que j'avais à dire et tu m'as dit: imparfaite. Je m'ennuie que quelqu'un me prenne dans ses bras. Je sais que mon chum peut le faire. Je m'ennuie de quelque chose de lui. J'ai acheté du chocolat. Ma vieille fille est morte. Mon ivrognesse boit du vin et ne se pacte plus. Ma boulimique me quittera-t-elle? Le temps n'est pas loin où toutes mes angoisses allaient s'éteindre dans mon estomac.

Nous n'avons pas franchi beaucoup d'interdits dans nos textes. Ça nous empêche de continuer. Bientôt, je laisserai les morts enterrer leurs morts.
«Les jeunes sont majeurs quand ils gazouillent comme les vieux.»
Je désapprends le sacré, la vieillesse et tous les règnes. Ma vie ne m'attendra pas encore longtemps. J'arrive.

db

**Texte de la deuxième
qui ne parle pas.**

*Le ventre*

Nous avons trahi, dites-vous la révolution. Vous nous faites marcher dans ce pays lointain, à travers d'immenses prairies désertiques, vous nous faites' marcher en rang comme n'importe quels soldats vainqueurs, leurs prisonniers. Vous êtes des hommes et des femmes. Nous sommes aussi quelques femmes, quelques hommes. On ne sait pas jusqu'où l'on marchera ainsi. Mais on sait que ça doit être vers une mort, précédée d'un procès rapide et humiliant. Vous avez pointé quelques-unes de vos armes sur quelques-uns de nos corps. Il n'y en a pas assez pour le nombre que nous sommes. Sous ma robe fatiguée, je sens brûler la pointe d'un revolver brillant sur mon ventre. Je sens qu'au moindre mouvement le coup peut partir et me projeter au bout de mon sang, au bout de mes entrailles. Je ne comprends pas que vous réserviez ce sort à moi, femme, alors que les autres, hommes, circulent sans arme collée au corps. Je te le dis amie, croyant atteindre avec toi une complicité de soeurs au-delà du fossé politique qui nous sépare. Je te le dis et pointe du doigt celui que j'aime et qui marche en nos rangs. Je te le dis pour t'indiquer la différence. On dirait que tu ne vois pas et sévère, du côté des vainqueurs, tu poursuis ta route et me force à continuer la mienne.

Puis soudain le procès. Accusés tous et toutes de trahison à la ligne équitable. Assise à même le plancher, l'arme brûlante sur le ventre fiévreux, je remarque soudain celui que j'aime, mon frère comme moi condamné, je le remarque assis sur une chaise si haute et si majestueuse que sa tête frôle le plafond de l'immense édifice froid où nous siégeons. J'entends sa noble plaidoirie et je sais bien que chacun de ses gestes, chacune de ses paroles, d'homme libre où d'accusé, lui assure une auréole de sagesse et de pouvoir. Cette fois je crie, malgré les risques pour l'arme délicate sur mon ventre chaud, je crie l'écart que je vois éclatant et lui demande de redescendre tout près de moi. Non seulement n'y-a-t-il pas de compassion dans son regard— ou encore une culpabilité, un malaise à reconnaître l'effrayante différence que nous constituons dans le regard des autres— mais je vois ses yeux s'emplir d'une buée de haine à mon endroit, sa bouche s'entr'ouvrir pour m'accabler d'injures. Non seulement ne voit-il pas ce qui me semble à moi si clair et dans ses formes si agressant, mais il se trompe d'ennemi et le procès même qui nous unissait nous divise. Les vainqueurs, je le vois, savourent ce qui advient de ce jugement. Ils n'ont pas besoin d'accuser, nous nous déchirons nous-mêmes sous leurs yeux ricaneurs.

Un dernier sursaut de vie me soulève. Je me débats pour retirer l'arme qu'un garde tient serrée sur mon ventre brûlant. Je sais bien à cet instant jouer le quitte ou double, risquer le tout pour le tout, n'ayant plus rien à perdre dans ce terrible état de division, de haine jusqu'au plus profond de ceux-là mêmes qui s'aiment. La balle peut partir de ces états et m'achever sur place, tant pis, j'aurai protesté jusqu'aux limites du possible. Puis on entend un sifflement sec qui traverse cette salle blanche où nous siégeons. Il n'y a plus d'arme sur mon ventre, je le touche, il ne fait plus mal, il est intact. Soudain, tout redevient paisible. Une autre fois le sens même de la mort a été dévié. Ça respire partout. Pouvons-nous encore nous aimer?

Dans un autre lieu, sur un lit, dans une petite chambre, allongée, j'entr'ouvre les jambes, je veux jouir. Je veux son sexe en moi, je l'attends. Il est là, debout, il pénètre. Nous jouissons ensemble, simplement.

Mon ventre bouge et se met à gonfler. Est-il possible qu'une autre fois je sois enceinte? On me dit que je n'ai plus d'utérus. Mais je sais bien que c'est faux. Que manque-t-il alors pour porter cet enfant? Ou, pour le concevoir? Où donc réside cette nouvelle contradiction entre cela que je ressens au creux de mon ventre et cela qui me dit l'impossible? Si je porte un enfant, et d'ailleurs je le sens sous la pression de mes mains, se pourrait-il qu'il niche ailleurs qu'au centre de l'utérus? À côté? La science me démontrerait le contraire. Ou, serait-ce plutôt cette enveloppe qui manque ne trouvant pas nourriture et chaleur pour se former? Le placenta? Ou encore, le liquide chaud, océanique, dans lequel il doit bercer pour vivre, le liquide amniotique? Ce jus serait-il égoutté de moi-même depuis cette longue marche asséchante, désertique, où l'arme des ennemis placée sur mon ventre brûlant, comme fer, aurait fait sa marque ineffaçable jusqu'à assécher le moindre tissu vivant et visqueux de centre de vie?

Ouvrez mon ventre, docteur, et regardez si ce qui s'y trouve vit. Ouvrez, je vous en supplie. J'aime trop les enfants qui en sont sortis et ceux qui pourraient bien venir encore pour accepter que naisse de moi un jour la marque de leur marche assoiffée de vengeance et de mort. Ouvrez, est-ce possible, je veux voir. Puis si ça baigne et se berce dans sa mer chaude de nos rythmes et souffles tissés, nous le refermerons et le laisserons continuer son voyage nocturne. Vous le recouserez mon ventre, docteur, est-ce possible, et moi je couverai jusqu'à la lie, jusqu'à ce qu'il me fasse signe de naître.

mg

*chanson d'amour à mon'tchum*

Ils parlent d'érotisme *Sade* et *Bataille* tu sais
c'est pour toujours écrire la mort à chaque
ligne:
viols violence violations toujours souffrance
toujours douleur
Ils parlent *Éros* c'est *Thanatos* qui se crie
Ils parlent *passion* c'est *possession* qui s'écrit:
possession passive passion passif passé au
féminin
sévices subis toujours au *Féminin* plurielles
ils souffrent eux-mêmes de s'y rendre pour
jouir d'elles
disent-ils passion au masculin qu'ils se
découvrent dieux
se nomment Christs ça traite *Érotisme Sacré*

*Moi folle Toi fou s'aimer dans ce petit espace
de vie qui nous fut préservé dans cette brèche
qui continue de s'ouvrir «you know i want your
lovin'» love in so deeply*

THAT ALL THE SORROWS OF THE WORLD
WILL VANISH

*et à nous deux savoir qu'il n'y a jamais d'après
l'amour c'est toujours pendant toujours avant de se
produire oui produire nous plus vivants de ce
faire oui «i know you want my lovin'» love in so
deeply*

THAT...................... toutes peines inutiles......

*(leur érotisme s'enlise dans une religion
culpabilisante punitive phallocrate tout lu
tout lu de leur philosophie leur manière de vie
manière de voir manière de vue ne nous ont pas
vues nous ont inventées courtes vues petites
vues petites vies grandes spécularisations
mortelles ça ne jouit pas chez-eux ça souffre ça
ne caresse pas chez-eux ça frappe ça ne rie pas
chez-eux ça braille Ça se complait oui dans
la mort des grands livres métaphysiques par ce
qui perpétue la guerre des sexes ça se perd et ne
se retrouve pas ça tue.)*
*«where are you to-night where are you to-
night sweet relief» et savoir que nous
voyagerons très loin jusqu'au plus profond de
nous-mêmes plus creux de nous-mêmes et
différents*

WE'VE CROSSED ALL THE MOUNTAINS
TO REACH US WHERE WERE

*en ce
lieu où de chacun se créait une attente
toi revenu de ton désert moi d'une terre
volcanique«where am i to-night where am-i
to-night sweet relief*

WE'VE CROSSED ALL......tout mal en trop....

*(Ça délire plein les pages sur la
discontinuité des corps indéfiniment sur les
morcellements des corps coupables ça dit plaisir*

*ça pense péché ça proclame châtiment peur*
*peur* Écrire *disent-ils pour évacuer leur*
*trouille l'érotisme phallocrate c'est le*
*serpent qui se mord la queue n'acceptant pas*
*la fin de* lui *s'empoisonne lui-même et*
*femmes pour lui toujours*
*support suppôt pré-*texte *à l'auto-*
*mutilation de lui auto-*
*consumation Prêtresse parfait objet*
*parfaite servante parfaite soumission* ILS
SIGNENT LEURS LIVRES ET
MEURENT.)

*ce lieu de nous d'où nous venons tous et qu'il*
*ne s'agit pas de révolution de volonté pour s'en*
*sortir et non plus de raison ni seulement de*
*coeur ni de corps seulement ni tous ces mots*
*tordus en nous en nous fendus*

POUR COMBLER LA COUPURE
DU COUPLE à la fine pointe de la
DIFFÉRENCE»
(SYLVIE GAGNÉ)

*give us time give us time du coeur des*
*luttes nous sommes venus aux rythmes des*
*musiques entendus semblables des soirs de*
*juillet* BLUES *nous retournant sur*
*neiges brillantes neiges brûlantes de nous*

POUR COMBLER. . . . . . tout vide d'eux. . . . .
*(le temps serait perdu à le reprocher ne savent*

pas ante-mortem de leur délire-
passion passasion pouvoir de leur désir-
prison prise JE TU ELLE et elle je est un
autre méprise mal prise de vouloir trop aimer
prise pour ce qu'elle n'est pas ce qu'elle ne fut
jamais sauf en leur fiction LA méprisée la
mère la méduse la mémère la
mégère la MUSE ignorée LAURE dans sa
préface tu ne fus pas citée ÉCRIRE ton nom
en OR en O en eaux en encres en haut sur
nos nouvelles espaces sans murailles.)

des soirs de juillet où nous retournons à
chaque nuit d'hiver crépitement buissons
éclatés de soleil bouches-vrilles bras-lianes
ours qui rôde autour du lit très loin en haut
des pyrénées ou dans l'abitibi

SOON WE SAW WOMEN
GOING AROUND THE WORLD
LAUGHING
SOON WE SAW WOMEN
GOING AROUND THE WORLD
LAUGHING

mêmes pulsations scandent les secondes
quotidiennes histoire en avant en avance en
souffrance seulement de se jouir la sortie
la belle la venue la tuée l'avortée la possédée
l'achetée prostituée la prostrée est morte est
balayée est partie est finie la folie

SOON WE SAW . . . . . . . le monde rire . . . . . . . . .

*(ont avoué les rapports de pouvoir tissés à
même la jouissance des corps sado-masochisme
ont dit la guerre en amour la guerre des sexes
l'y vivre au bout votre théâtre l'y joué l'épluché
l'éfilé défilé des fantasmes maman-papa-bébé-
devoir sucer-souffrir têter-rugir  chier-
morsure saigner-parlure. lâchez vos bibles vos
discours thanatiques lavez vos cerveaux vos
coeurs vos mémoires phalliques petits frères
venez ici chauffez vos bras vos  mains tendus si
longtemps d'avoir tenu la corde raide laissez
cordeaux de la suprématie si non serez pendus à
votre tour et par vos propres noeuds.)*

*i feel to know you more i want to feel you more
les forêts faunes et flores sauvages les vents
orageux ne sont plus que des mains habiles
caressant la planète  lune
rouge danse violette respire glad to know
you glad to know you des cris jaillissent  où
tout était silence  on aime ça*

IT MUST BE GOOD TO BE YOU
IT'S VERY GOOD TO BE ME

*je te dis je t'aime sais pas encore* TOUT *ce que
contient ce mot sa quête me plaît les dieux lui
avaient mis dans son coffre tous les maux de la
terre* PANDORE *ne s'est pas suicidée
découragée impatientée juste un peu virée folle*
ÉCRIRE *vos noms en* OR *en* O *en eaux  en*

93

*encres en sueurs en jus en lait en*
*sang en* OS *sous l'affolée se trouve sous*
*l'asaignée se trouve sous la donnée se trouve*
*l'amour en-allée*

**ELLE S'EST RETROUVÉE...............**
**.....QUELQUE PART ENTRE NOUS.....**

mg

**Texte de la troisième
qui ne parle pas.**

d'orteil à hasard
un lézard
pleure au soleil

chez les sorcières
la lune est héréditaire
et se met à table
sous l'oeil narquois
d'un casse-tête
la paysageant
sous les voiles
de la vaporeuse nappe
qui fait tache de neige
l'éponge ne passera pas
et s'étoile
en salle de bain
où la chatte regarde couler l'eau
et pendant ce temps
personne ne m'a
ouverte coffre-fort

db

(Je gruge sur mon propre temps. Morceau par morceau, dans ma maison, je mange du temps. Je finis par enlever au temps, à force de gruger, des grandes lanières qui s'étalent nulle part. À force de produire du travail invisible, à force de fabriquer des choses qui n'ont pas l'air de produits, j'ai l'impression de ne plus prendre sur le temps des autres — ni même de leur donner de mon temps — mais de grignoter indéfiniment et invariablement des parcelles de vie qui se consument et se dévorent d'elles-mêmes. Et je deviens l'objet d'une très grande et très subtile bouffe où je ne peux même pas me jouir de cette absorption de moi-même tellement tout ça me plonge dans l'abstrait de ce qui file sans que je ne puisse en mesurer la portée ni le résultat.

Les travaux ménagers rendent le temps doublement abstrait puisqu'on ne peut même pas le compter par ses produits. Pour échapper à cette fuite, je dois en fabriquer, en surplus, sur mon propre temps: tricots, broderies, confitures, gâteaux, textes. Je dois me donner à voir les effets de mon travail autrement je ne fais que déambuler au fil des jours dans cet avalement orgiaque qui n'est pas une fête.

La question de l'efficacité de mes travaux m'importe peu. C'est même, pour moi, un pur concept. Fabriquer des travaux efficaces, qu'est-ce que cela signifie pour moi? Je fabrique des cadeaux. Je me les donne à regarder et je les donne à ceux qui les aiment. Je nous les donne à voir, à manger, à se rechauffer, à admirer. Peu m'importe qu'on les compare aux autres, je les ai déjà jugés au regard du temps qui se perd. Ils ont tout gagné de ce jugement puisque cela qu'ils comblent n'existait même pas à mes propres yeux. Le texte, pas plus que mon gâteau, n'appelle l'efficacité. Il ne demande que la lecture, une, deux, mille, peu importe, il ne requiert que l'amour: il n'a besoin que du regard qui peut l'extraire du temps abstrait, qui peut donner à la vie des marques visibles du travail de jouissance et me signifier à moi mon propre corps.

C'est une bouteille jetée à la mer.)

Et tant que ça me plaira, il y aura des parenthèses.
Et tant que ça me plaira, des citations.
Et tant de textes et de paroles

(puisqu'elle avait voulu m'amener du texte au brouillon, du brouillon au silence, du silence au couvent, du couvent à la guerre.)

Castrer l'autre justifierait-il sa propre inutilité?

Et quant à toi j'eus pris ton immense jalousie si seulement de la dire elle t'avait moins grugée.

Mariana la religieuse demande à son cavalier:
«amène-moi très loin, jusqu'au dedans de moi-même»

mg

lundi
les miettes
mardi
les casseroles
mercredi
bingo
jeudi
ma mère
vendredi
du poisson
samedi
le congé
dimanche
les soutanes
pour les filles
de Larochelle
qu'ont armé un bataillon
dispense de vie
indulgences
pour la mort
t'as manqué l'train
ta chatte est morte
des poils roussis
sur une hostie
ronde
comme une boule
déboule ta vie
déparle tes mots
mets l'feu
à boîte à bois
dis-y-eux

dis-lé
dis-lé
casseuse
de party
dis-lé
té capable
pas assez folle pour mettre le feu
pas assez fine pour l'éteindre
fille du roi
couche-toé là
pisse
dans tes bas
lèche le feu
dégraffe
ta brassière
r'monte-toé
lé ch'veux
dis-y-eux
dis-y-eux
harnais
harnacher
e-r'cule
hercule
dis-y eux
dis-y eux
dis-i
dis-i
té capable
niaiseuse
la s'maine
passe

l'temps
s'met au pire
un deux
trois quatre
j'ai mal
aux pattes
j'ai tant marché sur les talons aiguilles
                                qui interdisent
les beaux et verts et touffus et möelleux
                            chemins de la liberté

db

Pourquoi la douleur dans le plaisir? Où ai-je besoin de souffrir encore? Et les enfants?

Les oeufs de la femme ont-ils été empoisonnés? Volés, pillés, empoisonnés? On passe notre vie à vouloir sauver un oeuf. J'aime me sentir une poule. Je saigne mes oeufs emprisonnés et je cherche en moi l'oeuf sain. Je ne suis pas une poule aux oeufs d'or. Dans la limite de la mort qu'ils nous ont faite, je n'ai plus rien. Je n'ai plus d'oeufs. Je n'ai plus d'enfants quand je vis. Je n'ai plus. Je suis l'oeuf.

On est en train de sauver notre vie. Y a-t-il fallu mourir souvent pour arriver là! Si on veut être égales, comme eux-autres, dans leurs pouvoirs de poules aux oeufs d'or, toute la terre va mourir ensemble. Pis essaye pas d'comprendre, tu vas r'virer en femme de Loth, en Ève, en Pandore. La femme de Loth. Même pas elle, Louise, Marie ou Esther. C'est la femme de Loth. La femme de.

*Ève:*trop curieuse. Veut tout savoir. L'arbre de la connaissance. Veut lui toucher. Aussi. Mais, n'a pas le droit. C'est aussi l'arbre du bien et du mal. En touchant à la connaissance, elle connaîtra le mal. En ne touchant pas à la connaissance, elle connaîtra rien. Toucher. Punie. Zeus lui fit don d'une boîte.

Ève: Cain, Abel. C'est elle qui touche l'arbre de la connaisance. Mais la guerre, c'est entr'eux qu'elle se fait. Dans la guerre, Ève n'est plus là. Loin derrière elle, il y a la lignée des bons et des méchants. Ils se déchirent entr'eux. Et ceux qui se sont mis du côté des bons pensent qu'ils ont raison. Qu'ils vont gagner. Elle n'a rien à gagner. Elle a tout vu en touchant l'arbre de la connaissance du bien et du mal. Elle a vu que le mal c'était juste la mort du bien. La mort de l'amour. Sa seule et très grande détresse, c'est de voir mourir ses enfants. Ils lui ont dit qu'elle était responsable de cette mort parce qu'elle avait touché l'arbre. Parce qu'elle avait vu. Son thanatos à elle c'est de les avoir crus. Elle ne les a pas crus, au fond. Comme ils étaient plus forts qu'elle, elle a fait semblant de les croire. Son thanatos à elle est dans le faire semblant. Dans l'image. Quand elle défait l'image, elle redevient toute éros. Toute amour. Elle ne veut pas le leur prouver. Elle n'a pas d'armes. Elle n'en veut pas. Elle est oeuf. Elle est parole. Elle dit. Elle ne démontre pas. Elle coule.

Je saigne mon image, ma perfection.

Pourquoi je retenais mon sang pendant que ça me faisait mal? Je suis restée si longtemps dans le supplice parce que je pensais que là, je trouverais la connaissance. J'ai cru longtemps que d'avoir touché l'arbre de la connaissance m'avait rendue responsable de la guerre entre mes deux enfants, Cain et Abel. Je me suis laissée attacher à l'arbre pour expier. Me suis laissée fouetter. On m'a dit en plus que c'était lui le supplicié. Pour me prouver que c'était lui on l'a vraiment cloué à un arbre. On l'a fouetté. On m'a dit qu'il était Dieu. On m'a demandé de l'adorer. Tout ça, pour m'éloigner de ma seule vraie détresse, celle de voir mes enfants s'entretuer. Ils avaient besoin de se faire mourir mutuellement pour me réduire. Pour m'empêcher de connaître. Ils ont même dit que pour aimer je devais souffrir. Ils l'ont fait. Pourquoi avaient-ils besoin de m'anéantir pour s'affirmer? Qu'est-ce que j'étais qui leur faisait si peur?

Si moi, je n'ai plus peur, c'est parce que j'ai décousu leur histoire de mort. De pouvoir. Seront-ils capables de recoudre dans leurs vieilles guenilles? Ce qui m'importe à présent c'est la catalogne qu'on est en train de faire nous autres.

mg

Pa-pe  Pi-pe  Pa-pa  Pi-pi pa-pe-pi-po-pu

Ma voix fait les cent pas. Prendre la parole.
Délirer: sortir du sillon. Pour les crack-pot
nous avons la crazy glue.

*Délier:*
les pelures
les épluchures
les peaux
les écorces
les masques
**Les semences délirent.**

Ne cherchez pas la femme parfaite, elle n'existe
pas.

Nos cinq: chercher. Plonger. Déchirer.
Les commères placotent. Le silence à haute voix des
pauvres femmes, ça mange pas de pain. Le pain des
riches. Des curés. Des hommes de robe. Avec leurs
soutanes et leurs toges, ils nous dérobaient nos vies.

Pe-pi  Pi-pe  Pa-pa  pa-pe-pi-po-pu

Les vis du pouvoir: l'étole, la chasuble, la soutane,
la toge, le fouet, les saints sacrements, les péchés
capitaux, l'argent, la tiare.
Le pape est un verbo-moteur qui parle trente-six
langues aucune misère en nous abriant de latin. Et
Mahomet et Platon. Quelle amanchure! On n'a-tu
arraché? On s'est-tu faite attriquer.
ELLE, Cosmo-Girl: cé-tu achalant! Se faire
donner des trucs, des recettes pour ne pas trop

souffrir de nos esclavages. Pour ne pas trop sentir leur étau. Des trucs pour que je ne pense pas trop: le lavage, le repassage, le marché, les p'tits, le racommodage, le tricotage, la broderie, le chapelet, la cuisine — a fa don ben l'ordinaire — le maquillage, le massage, la diète, pour que je ne vois pas le petit fil de fer qui retient ma patte au barreau de la cage. L'essentiel est invisible pour les yeux.

Les gens qui croient en Dieu ont les yeux morts et aucune prise sur leur vie.
Les pacifistes à tout crin laissent trôner l'infamie.

Si je suis matérialiste, c'est que je sais que la sensibilité est une matière dont il faut connaître les textures et que les ondes et vibrations sont des manifestations qui passent par les sens et ne font pas par conséquent appel ni à Dieu ni au mystère ni à la magie.

Je dis oui à la tendresse mais à la seule condition qu'elle ne soit pas utilisée à repasser mes colères justifiées et je ne dépenserai ma douceur ultime pour aucun croque-mort.
Je dis oui à la tendresse mais à la seule condition qu'elle ne soit pas un outil pour enterrer mes cris, mes larmes, mes rires et mes besoins.
Je dis non au féminisme qui refuse le sens de l'histoire et qui rase certaines expériences d'homme.
Je dis non à celles du féminisme qui me tassent dans le coin parce que le boutte du boutte, la supériorité entre toute c'est obligatoirement d'être lesbienne.

Je dis non au lesbianisme politique.
Je ne tiens compte que du lesbianisme de cul.
Je dis non à l'actrice morbide qui joue à m'aimer et
qui me jette ensuite dans le silence.
Je dis oui je plonge moi-je dans le livre de nos cinq.
Que la chair se fasse parole.
Détourne le pouvoir. Abolisse le meurtre.
Nous sommes ici pour détruire. Pour ériger.
Enfanter la parole.
Notre commérage de jadis, notre placotage ne
logeaient pas dans le néant. C'était pourtant du
silence. Nos paroles amorcent les libertés d'être
toutes celles que nous sommes. Il n'y a pas de
risque. Pas de péril. La douleur est dans la peur. Les
vieilles peaux de la crainte, ça tombe comme des
kleenex. Ça ne se trésorise pas. Adieu naphtaline.
Me voici.
Moi-je dans nos cinq, dans le livre.
Maman, comment t'as faite?
Moi, je ne peux pas. Et je me sens donc alége de ne
pas croire en Dieu et au Devoir.
Mon égoïsme mauve m'apprend.
À mes risques et périls, qu'ils disent.
Pour m'empêcher de.

> Muse
> a-muse
> museler

Pape  pipe  papa  pe pe pe pe pe papepipopu

Découdre le courage. Défaufiler la possession.
Recoudre le possible de remettre au monde le
monde.

108

Contre le prédateur qui veut défaire la suite du vrai monde de nous autres.
Malheur à celui par qui le scandale arrive. Il aurait mieux valu.

Lillith n'a pas voulu embarquer. Ève, bien attisée, a voulu connaître avec celui qui a goûté à sa curiosité. La femme tentatrice, la vraie, c'est le cul et bien plus loin. Quand les fesses sont bonnes, on peut tout se dire et tout essayer. Papa-dieu s'est choqué. Y était en train de lire son journal quand Adam et Ève, dans l'orgasme de la rate, y ont dit: «Cé pas vrai papa ce que t'as écrit dans ton texte que té en train de relire. Cé pas vrai. I, s'est choqué. I, a dit: «C'est d'même, cé d'même. Moi je l'dis, j'l'ai écrit, c'est comme ça. Pis, qui n'est pas avec moi est contre moi. Vous êtes rien que des crottés. Dehors. Allez gagner vot' vie. Vous salissez toutt' mon tapis. Vous êtes pas capables d'écouter. Allez-vous-en.»

Ève avait entraîné Adam contre le père tout-puissant et leurs enfants, qu'ils disent, en ont eu les dents agacées jusqu'à la septième génération. Nous devons être de la huitième.

Viens mon chum, on va le faire chier papa-pouvoir et de son fumier on va faire refleurir la terre pendant que les femmes qui lui resteront soumises donneront naissance à des dieux empoisonnés et camperont dans la solitude pendant que Lillith reviendra noyer leurs bébés contaminés...

*Parler*. Non seulement de ce que l'on sent. Mais d'un état qui se raisonne aussi.

db

*Premier boutte:* La possession sans choix. La place de la guerre: soumission économique, politique, psychique, sexuelle. La femme objet. La femme dans l'image du mâle. La femme marchandise: ménagère, putain, battue, castrée, etc. etc. (La majorité des livres féministes font l'analyse et dénoncent le premier boutte.) C'est le lieu du pouvoir non partagé entre les hommes et les femmes. Le lieu de la chicane et du chiquage de guenilles. Plusieurs femmes, devenues conscientes du premier boutte, pour s'en sortir, ne passent pas par le deuxième boutte avec les hommes. Soit que le défi leur semble trop grand ou qu'elles ont trop souffert dans le premier boutte avec eux, elles ne voient absolument pas qu'il est possible de passer au troisième boutte avec ou à côté d'eux. Elles entrent dans le deuxième boutte différent de l'O (elles voient l'O comme un alibi), elles vivent dans la douceur ultime et colère justifiée uniquement avec des femmes. Mais, le premier boutte du pouvoir à un sens peut se remettre à fonctionner entre elles.

L'une peut être possédée totalement par l'autre. Le deuxième boutte érotique peut aussi s'installer entr'elles: la place du pacte du pouvoir se recréer. Elles ont tout autant des difficultés que celles qui vivent avec des hommes à entrer dans le troisième boutte.

*Deuxième boutte:* La place du pouvoir partagé: Laure, Anna de Noailles, O, etc. La personne qui est possédée par le pouvoir de l'autre, dans le deuxième boutte, possède l'autre complètement. La personne possédée choisit celui ou celle qui la possède. C'est là qu'elle contrôle. C'est là le lieu de son pouvoir. «Elle a choisi pour jouir celui qui la posséderait. Elle a même décidé du pourquoi, du comment. C'est là qu'elle me possède» (Bataille).

C'est le lieu du pacte du pouvoir entre hommes et femmes. C'est encore le pouvoir. O ou érotique: faire le pacte du pouvoir partagé dans et sur le terrain du désir et du sexe. Essayer de presser si fort l'orange du désir qu'il en sortira de la tendresse. Presser si fort l'orange, faire le défi qu'à la limite du désir, dans l'absolu du sexe, jusqu'à la lie: c'est là que le jus de la tendresse peut le mieux sortir. Entrer sur le terrain du pouvoir et du désir pour me défaire de l'intérieur. Pour le découdre jusque dans ses doublures les plus cachées. C'est pénétrer jusqu'à la moelle là où le désir dit mieux la puissance d'être. C'est vouloir détruire le pouvoir sur le terrain même de la puissance de vivre. Le risque consiste à s'y détruire sur le parcours, vu que ce risque est sans calcul.

Après pouvoir, après soumission, après tous les pactes et toutes les stratégies. Après même douceur ultime et colère justifiée. Après toutes les guerres entre les hommes. Après toutes les guerres et les douleurs entre les hommes et les femmes. Après toutes les détresses entre les femmes. Après la clarté des deuxièmes bouttes. Après l'obscurité apparente qui suit. Après, après, après. Là aussi, mais ailleurs. Tendresse. Désir. Amour? Bonheur? Heureux? Heureuse? Là et ailleurs.

mg

# I

sainte misère
fidèle comme une outarde
la misogynie
me talonne
comme un créancier
je suis toutes les femmes
et son unique débitrice

db

## II

Us et coutumes

—Vous êtes là, avec vos mercredi de femmes,
comme des anarchistes dans le noir qui préparent
une bombe qui va éclater dans la face des gars, au
moment ou l'on ne s'y attendra pas.

—Vous vous êtes pas toutt' dit, les p'tites filles?
Lâchez-vous. On dirait toutes des lesbiennes.
Bande de folles, les féministes cé rien que des
frustrées.

—C'est drôle, c'est une féministe, pis est belle pis
est mariée pis a l'a des enfants.

—A sera ben mieux d's'occuper d'son ménage pis
d'sa maison.
—Si les hommes prennent un coup ça dépend des
créatures.

—Cé don lette une femme pactée.

—Si a s'est faite violer cé parc' qu'a couru après.

—Le mariage, cé bon pour les femmes. Cé pas faite
pour lé hommes.

—A toutt' dans maison pour être heureuse pis est
jamais contente. Y a même acheté un manteau
d'vision.

—Fa une femme de toé.

—L'amitié entre femmes, cé pas possible.

—Moé, si j'sors avec toé, tu vas laisser tomber tes
amies d'filles.

—Une femme cé comme un char. Faut qu't'a caresses. Pis qu't'en changes quand la carosserie est poquée.

—A l'a un coeur en or mais une cervelle d'oiseau.

—Tu vois là, elle là, ben moi j'ai couché avec. C'est une putain.

—Une bonne femme, est cordon-bleu à la cuisine, reine au salon et putain dans le lit.

—Pourquoi tu veux pas coucher avec moé, s'tu parce que t'as mal au coeur de moé?

—A Pense. Comme un gars.

—Les femmes, c'est comme du steak, faut que tu les battes pour qu'elles soient tendres.

—Les féministes, c'est touttes des exhibitionnistes.

—Une vra folle.

—A doit être menstruée.

—C't'une suceuse de balustre.

—Cé rien que des perroquets.

—A ben d'l'intuition mais c'est toutt'.

—Même avec moé est frigide. J'comprends pas.

Pour rire, ça fait que: voici, aussi fasciste que l'autre, un nouveau proverbe: «Mords la queue de ton mari tous les matins. Si lui ne sait pas pourquoi, toi tu l'sais.»

db

III

> Ne nourris pas ta peur. C'est une vorace.
> Elle pourrait à elle seule dévorer ta vie.

La bibitte a monte
La bibitte a mange

Les gars me r'gardent pu
J'ai pris au moins 20 livres
Ma maman m'écrit pu
J'boé la boéson qui délivre

Mes amies sont toutt' mariées
Moi vraiment j'ai pas pu
Jamais rêvé d'la blanch' épousée
Comme la mort je l'ai dans l'cul

J'avais peur d'faire des enfants
L'ai jamais dit à mes amants
Quand j'me suis fait' avorter
Leur ai pas dit non plus

J'ai pas trouvé l'gars pour moé
Pourtant y doé exister
C'est en buvant que l'attends
Avant que j'aille mes 60 ans

A moins que j'parte en ville'
Où y en a plus de sortes
J'pourrais tomber su un poète
Quetchose de pas trop pire

Ici chus rien qu'une vieille fill'
Qui déparle de temps en temps
Qui voudrait se fair'app'ler maman
Pis d'un bon mari comm' amant

db

*De l'Amour (suite):* Une de plus. Enfin, nous sommes six. Nos cinq ont fait revenir la sixième en-allée. À qui rôdait. Christiane est descendue nous voir. Nous raconter la descente, non plus en enfer, mais au centre de la terre. Chercher sa grand-mère morte au centre de la terre. Tout le monde lui disait: «Vas-y pas, vas-y pas.»

Elle est allée quand même la chercher. Descendue, descendue, descendue. Puis remontée du centre de la terre, sa grand-mère entre ses bras, la cuisse frôlant sa grande robe blanche et revenir sur la terre en plein orgasme. Venue nous dire, venue nous dire: là aussi le désir se vit. Il fallait descendre creux, chercher la morte pour le savoir. Elle est venue, la deuxième Christiane achever la phrase de la première. Elle est venue l'a qui rôdait.

J'aime faire l'amour avec toi. J'aime les orgasmes ronds. Il me pousse des orangers la nuit qui vient. J'aime aussi, parfois, les petits orgasmes pointus qui viennent plus souvent mais qui sont moins remplis. Je préfère les espacer pour attendre la plénitude des ronds que j'aime. Ophélie et Xantipe, mes petites soeurs, avez-vous connu des orgasmes ronds ou pointus? J'aurais aimé, Xantipe, que tu prennes la parole, à ce sujet, dans le *Banquet* du disciple de ton maître. Mais tu en étais exclue. Tu devais être forte, Xantipe, pour qu'on prenne la peine d'inscrire dans leur grande philosophie à quel point tu les dérangeais. On te disait, tannante, fatigante, chipie, hystérique. Tu as dû en baver un coup derrière la scène où se conceptualisaient, à ton insu, tes brèves apparitions, tes courtes interruptions à leurs savantes discussions? Tu n'aurais pas laissé traîner, par hasard, quelque part dans l'Agora où tu déambulais pour y faire leur marché, un tout petit livre tout racorni, tout sali, où parfois tu aurais inscrit tes récriminations et peut-être, des complaintes secrètes? Ils ont dû le mettre aux poubelles du temps. Nous ne pouvons que supposer et construire sur tes nombreux silences ou sur leurs censures. *Nous ne créerons plus à partir de rien — comme ils ont dit de la création — nous construirons à partir du silence de celles qui nous ont précédées.* Et toi, ma petite Ophélie, qui préfères l'étang aux délires métaphysiques de ton amant? Nous n'irons plus nous noyer dans les étangs qui longent leurs châteaux. Nous

construirons des délires matérialistes. Des
paroles de corps. Il poussera plein d'orangers
des pépins ronds et mous que nous avons, à
l'insu, avalés.

Des feuilles sur tout le corps des oranges
qui poussent et pendent au bout de tous mes
doigts tous mes orteils je me mange en
rêvant entre écorce et tronc je me faufile et
laisse suinter petite sève juteuse qui
me fait grimper de moi à moi-même.
Soudain je me trouve au plus haut hérissée
et fibrante Ophélie en-bas je te regarde
petite soeur quand tu es morte sur ta Côte-
Nord pourquoi je ne te prenais pas
dans tous mes bras je ne savais pas assez
d'Ophélies à l'époque ni de Xantipes
ni de moi extirpée de moi-même je savais
de moi à l'autre amour semblant qui
chaque fois nous faisait mourir en
nous-mêmes.
Petites soeurs, petites ophélies suicidées,
grande Xantipe effrayante, nous ne voulons
plus de ces récits d'amour où l'on nous faisait
mourir à tout coup. Nous ne voulons plus de
ces peines d'amour qui nous faisaient à chaque
fois nous recommencer à Zéro. Petite Pauline
de Baie-Comeau je te prends dans mes bras
pour toutes les fois qu'on nous ne l'a pas fait.
Je te ressemble. Toi morte, moi vivante. On t'a
pleurée, l'on me dénonce, mais je viens de
comprendre que — tu sais — nous sommes

nées de la même révolte. CE QU'ILS NOM-
MENT DÉMENCE. Petite soeur pleine
d'oranges jamais sorties, jamais mangées,
jamais sucées. Petite Ophélie de la Côte-Nord
pleine de pépins jamais germés. Entassés en-
dedans jusqu'à ce que trop pleine, tu éclates,
remplie de petites bulles jamais écloses, épar-
pillées ça et là, sans sève aucune comme pour
t'empêcher, pour toujours, de grandir du
dehors, comme nous le deviendrons tour à
tour. Pauline, je t'aime et jamais je n'ai su te le
dire. Toi, numéro 6, moi 5, d'une famille éten-
due. Nous devions nous ébattre si fort pour
remonter à la rive où l'on regarde et d'où l'on
nous voit. Tu t'es débattue en toi-même, moi
aussi, mais peut-être plus forte, ai-je pu sur-
nager assez tôt pour rejoindre les autres. D'où
triomphantes, nous pourrons à la fois chanter
ta mémoire et refaire la nôtre.

mg

Des fois, j'haïs les hommes autant que j'haïš ma mère. Où ensemble, plusieurs d'entre nous, à travers villes et villages du monde entier nous sommes-nous réveillées contre elle et contre eux? Où et quand avons-nous su qu'il n'en irait plus de même pour nous? J'ai trop vu pleurer ma mère et du plus jeune que je me souviens j'avais déjà dit non à cette vie. Quel est ce point où nous nous rencontrons toutes toi et moi? Que chaque femme qui écrit sa révolte et son cheminement écrit celui et celle de l'autre? Toi et moi, pareilles.

Qu'elle m'a voulu prosternée ma mère! Et eux! Ligués ensemble. Ne fait jamais pleurer ta mère. Elle ne pleurait pas sur moi. Mais sur elle. Comment l'ais-je su?

Et voilà que l'hiver dernier, maman m'a téléphoné. Pour me souhaiter bonne fête. Me dire qu'elle m'avait envoyé un poème. Me raconter que je ne venais pas de rien. Qu'elle s'était acheté des petits cahiers et qu'elle écrivait depuis qu'elle est seule. Pour que je sache que je viens d'elle. Je lui ai résisté et elle trouve que je lui ressemble.

Et voici le poème de Justine que j'ai trouvé un matin de décembre dans la poste.

J'ai tant de choses à bâtir
J'ai tant de chemins à parcourir
J'ai tant d'amour à offrir
J'ai tant de lumières à faire
    et si peu de temps
J'ai tant de choses à finir
J'ai tant de rêves à accomplir
J'ai tant d'amour à offrir
    et si peu de temps
Il y a tant d'étoiles pour si peu de nuits
Il y a tant de soleils pour si peu de jours
Il y a tant de coeurs et si peu d'amour
    et si peu de temps
Trop de temps pour souffrir

    Trop de temps pour détruire
Trop de temps pour vieillir
    et si peu de temps
J'aurais tant de choses à dire
et tant de fleurs à cueillir
et tant de routes où partir
    et si peu de temps

Ça fait si longtemps que j'attends le temps
d'avoir le temps de tout offrir
que je vois s'écouler le temps
sans avoir le temps de tout dire
pendant que me guette le temps de finir.

db

aller très péniblement vers la gratuité, l'inutilité, le vide et le silence. Je suis une moinesse inhabituée, vierge.

La folie me fait peur et me séduit. La folie me fait danser.

Ce côté de ma mère qui m'a trop parlé m'empêchait.

Je ne veux pas jouir dans-sa cicatrice.

J'oublierais la source de sa blessure. Je lui ferais du mal tout autant qu'à moi-même. Je veux tellement ma fille sans coupures que j'assume mon attente sans reproches. ma petite fille, je te veux si remplie de ton bonheur des hommes, de ton bonheur des femmes, je veux que tes jouissances, tes plaisirs, tes orgasmes, soient si dénudés de meurtrissures que je trace, sans trop savoir où ça s'en va, un sillon où naguère les folles n'avaient pas place.

Je ne veux même plus.

Entre la tristesse d'O et notre attente, se trouve une réponse. Ou, peut-être juste une question ultime. Descendre dans nos ventres.

Maman, maman, te souviens-tu quand j'ai été au chaud dans tes bras?
Sans haine aucune, sans peur, de toi?

Maman, te rappelles-tu quand dans ton lait, rien de méchant ne coulait?

Maman, maman, te souviens-tu, avant, avant, jusqu'à la moëlle, sans engluements?

Être dans ses fesses jusqu'à avoir d'la glue dans les oreilles.

Rentrer dans son ventre, descendre.

La douceur ultime est parfois pesante. J'aime la petite douceur ailée.

la maisonne, la camionne, (tours d'auto) marché aux puces, épicerie, poëlonne, fournaise, frigidaire, vaisselle. Annie Leclerc de Chicoutimi.

mg

*à Madeleine que j'aime*

Le déséquilibre est constant. L'équilibre est temporaire. «La volonté, c'est la présence à ses propres passions». (Michel Garneau) Prêter le flanc et les deux et apprendre à même ses hanches les coups du sort et ceux des autres. Ma curiosité précède et tasse la gentillesse pour décoder avant de décanter les choses et les êtres prennent leur place derrière moi, en haine, ou à côté de moi, en amour. La haine, dans un casse-tête réuni qui s'accroche ensuite à l'oubli et te laisse aux doigts l'expérience de. Pendant que l'amour marche son chemin à côté de moi et me donne la main et le coup de pouce nécessaire pour continuer à avancer.

Je suis aux p'tits oiseaux.
Je suis dans mes p'tits souliers.
Je suis dans le gros bout du bâton.

Ma vieille fille se réveille. La mort me torture encore. J'ai une peur vivace du gel du corps. Ma peur s'est engoncée et c'est comme si j'étais hors de ma propre portée. Peur. Peur d'être folle. Peur d'être laide. Peur d'être trop grosse. Peur d'être trop sûre de moi. Et de toi. Peur du doute. Peur de la concordance. Peur d'être trop bien. Peur de rire trop fort. Peur de ne pas mériter ça une joie comme ça. Peur de pleurer. Peur de tout perdre. Peur qu'elles me déchirent. Peur que tu ne m'aimes plus. Peur de ne pas être assez fine. Peur de faire rire de moi. Peur que ce ne soit pas vrai. Peur que ce soit vrai. Peur de ne pas comprendre assez vite. Peur des souris.

Allons fumer un joint.
Allons boire un verre de vin.
Allons jouer à écrire.

Je ne peux être ce que je suis sans que ce soit menaçant. Tu ne peux être toutes les forces que tu es sans menacer les impuissances. On voudra t'empêcher, on s'empêchera de t'aimer.

Ça rôde en dedans de nous.
Ça rôde autour de nous.

Si peu de livres qui soient écrits. Parce que la peur.

Rien encore qui n'ait été dit. Parce que les secrets.

Camus qui se serrait les poings jusqu'aux jointures blanches et qui, pacté, disait: si on pouvait tout dire.
Il y a écrire.
Puis, il y a l'écriture. Si organique que le texte en s'écrivant fait comme la peau: il a ses

verrues, ses crises de psoriasis, son excéma.
Notre livre à nos cinq s'écrit-il?
Odette est dans tous ses états.
Patricia laisse couler la cire sur le tapis et ne
fait rien pour l'empêcher. Nettoiera-t-elle
ensuite?
Marie-Francine s'applique et connaît ses
mobiles.
Madeleine écrit. Elle sait faire pour la théorie.
Et pour les poêmes aussi.
Il y a une provocation sourde et qui vient d'où
pour que nos passions s'étiolent?
Il me reste la volonté de ce livre nécessaire.
Comment s'aboutira-t-il?
Moi, j'y suis et j'en reste. Et toi aussi. Donc,
nous le ferons. Et si ça n'est plus à cinq,
ce sera à deux, à trois ou à quatre.
Mais il sera.

db

Un texte si plein qu'il est dépouillé de tous ses artifices. Une page si pleine qu'elle s'écoule d'elle- , même. Déesse rayonnante enfantant nouveaux avatars ne pouvant donner mal ou mort étant descendus du ciel sur la terre, du ventre sur la mer, de l'utérus sur le lait, du lait dans la bouche. Ils ont dit d'elles toutes qu'elles tuaient dieu dans leurs rejetons. Pour ne pas être rejet d'elle, il se fit Dieu. Pour ne pas être déchet d'elle, de l'utérus sur la terre, du ventre sur la mer et du lait dans sa bouche, il se fit verbe et Ils la firent, elle, vierge ou putain.

Nous décidâmes alors, de nous glisser dans cette histoire pour voir en nous tout ce qui s'était conformé à la leur. Nous risquions gros, nous risquions l'histoire de nos vérités à chacune. Là où elles se ressemblaient l'une et l'autre, c'était la fête; là où elles différaient, ce fut le drame. Nous eûmes peur de ce qui surgissait et avant de pouvoir nous en délivrer, ce qui eut demandé de chacune un courage lucide presque sans failles, la peur millénaire revint triomphante, comme un ressac sans pitié, nous projetant ça et là sur les pierres, certaines, sans doute, plus fracassées que d'autres.

Il ne rôdait pas autour de la maison. Il ne revenait pas nous hanter. C'était pour ne pas voir en nous les failles que nous inventâmes entre nous cette fable. Tant que la menace tournait autour de la maison, nous étions protégées, à l'abri, n'ayant plus à chercher la violence du dedans. Nous allâmes jusqu'à imaginer la maison lumineuse au dehors pour ne plus avoir à scruter toutes nos nuits intérieures dont les reflets de quelques ombres qui parfois remuaient nous jetaient dans les terreurs les plus grandes. La matrice collective, l'utérus-maison tant aimée qui protégeait de chaque solitude, de chaque histoire, devint, dès le départ et à tout jamais, bouteille de lumière. Après cette première mystification, toutes les autres furent admises et bientôt la religion se substitua à l'analyse, la foi au combat, Dieu à l'amour qui en aurait résulté entre nous. De l'utérus-maison au monastère final, il n'y avait qu'un pas. Certaines l'ont franchi. C'était donc refaire l'histoire, oui, mais sans la subvertir, en la calquant.

Nous étions prêtes, disions-nous, à retourner en arrière, sur thanatos, sans virer folles et sans tourner en statues de sel. Pour ça, il eût fallu affronter thanatos en nous. La vision d'elle fut trop troublante, trop foudroyante et une autre fois la peur fut notre lot. C'est pourquoi nous avons préféré, pour n'être pas prises à l'extirper de nous-mêmes, cette mort, la projeter aux alentours, la garrocher sur d'autres. Tant qu'elle était ailleurs elle n'était pas en nous. Nous l'avons donc, au départ, placée sur deux visages. Femmes, comme nous, semblables, que nous avons exclues, répétant en cela ce que tout groupe révolutionnaire a toujours fait avant nous, ce dont, justement, nous avions voulu nous prémunir. Et la grande noirceur de nous fit que nous les baptisâmes Thanatos 1 et 2. Nous pouvions désormais nous complaire, sécurisées, la mort ne nous habitait plus. Nous venions alors de reproduire ces rivalités perfides de femmes tant dénoncées par nous. Nous venions d'accomplir coup sur coup deux meurtres innocents. Mais, nous étions à l'abri des histoires morbides qu'en chacune nous voulions éviter. Bien au chaud, dans une maison illuminée, l'histoire autour pouvait bien se dérouler semblable — et toutes ses exploitations, ses dominations, ses oppressions, ses exclusions où tant de millions de femmes, surtout, sont encore englouties — nous avions sauvé notre peau.

Et lorsqu'il fut assuré qu'aucune d'entre nous ne se laisserait ainsi éliminée, sans qu'il en coûte la vie du groupe, quand nous n'avions plus entre nous d'objet thanatos, la mort de nous se transforma en mâle oppresseur. Il se mit alors à rôder, nous hanter. Vu qu'il était absent combien c'était facile de l'attaquer. L'important consistait à nous sauver de nous-mêmes, pour un temps; de ces récriminations, nous nous sommes crues intactes.

Nous ne sommes pas venues tuer nos frères
Nous sommes venues changer nos fils qui
suivront...

Voilà un rêve de l'époque. Mais cette phrase, comme bien d'autres, vécut à l'état de rêves.

Plutôt que d'avoir poursuivi l'analyse laborieuse et salutaire des effets, en nous, d'une histoire d'oppression sexuelle où nous fûmes toujours les dominées; plutôt que d'avoir vu là où, et comment, s'était introjectée l'histoire phallocrate; plutôt que d'avoir envisagé là où chacune domine, tue, possède, castre, écrase; nous avons mis la faute ailleurs. Nous en avons fait une histoire de fautes répétant en cela *une morale* telle qu'elle nous fut enseignée. Le groupe s'est tenu tant que nous indiquions là où nous étions dominées: c'était la phase complaisante, et nécessaire, des accusations. Phase de projection sur l'extérieur. Le groupe a éclaté lorsqu'il fut temps d'entrevoir là où nous dominions. Hors de la complaisance, nous préférions le meurtre.

Vers l'extérieur, en projetant, en érectant, phalliques, nous vivions. Jusqu'à érecter des théories sur Dieu — la famille — le couple — les mâles — éros — thanatos. Vers l'intérieur, en scrutant, touchant, sentant les contractions en nous de vie et de mort, nous mourions. Et juste avant d'expirer, il y eut quelques ultimes érections vers celles d'entre nous qui jouissaient et se contractaient encore.

*PETIT FRÈRE JE T'AIME. Le sais-tu maintenant combien toutes mes luttes contre l'oppression phallocrate sur toutes les scènes (économique, politique, idéologique, sexuelle) seraient impossibles sans cet amour? Et combien, pour y accéder, il m'a fallu de plongées souterraines? Si la puissance ne s'atteint pas sans la mort du pouvoir, le partage non plus sans déchirements. Ni l'accouchement sans douleurs. Ni le calme sans contraintes.*

mg

Pendant que la divine jouait de ses profils,
pendant que l'actrice jouait de ses airs et de sa voix,
pendant que la silencieuse se mit à hurler parce
qu'une autre avait parlé,
la clarté et les ténèbres se mixèrent et tombèrent sur
les autres dans une ombre de plomb.
Pendant que la divine s'étendait sur son divan
fleuri,
pendant que la raide se désarticulait sur le
vérathane,
pendant que celle qui avait parlé de la censure se
troublait,
pendant que l'interdit se convulsait,
la plus grande des Parques jouissait.
Pendant que la divine se levait pour empoivrer la
raide, les autres s'ébrouèrent dans la lumière de la
fin d'un deuxième acte inattendu.
La pièce était-elle finie?
Sur un interdit?
Une nouvelle loi venait-elle de couper la parole?
Soudain, les autres ne surent plus ce qui arrivait.
La chatte se reprenait sans savoir de quoi mais
officiait.
La lionne, victime d'un coup de théâtre passait
pour bourreau.
Et moi, j'allais à la toilette parce que j'avais fait
pipi inopinément dans mes p'tites culottes.
Soudain, dans un grand noeud d'amitié, un
couteau lourd était tombé et avait coupé.
Quinze jours plus tard, la divine refusait de parler

sur un terrain autre que celui de la tendresse et avec
mépris.
La raide prononçait savamment le mot de
mutation.
Et moi et moi, dans mes élans arrêtés, je me
questionnais et savais tout.
Pendant que j'apprenais que nos cinq, c'était fini.
Avortement d'amitiés au moment où l'on allait
commencer à se parler.
Pour quel mobile: la sainte est en gangrène, elle est
retournée dans son vieux pu.
Pendant que nous sommes gênées encore d'en
parler.
Pendant que les autres tombent en chute libre des
peines d'amour et attendent d'avoir repris pied
pour en parler.
Pendant que j'en parle déjà.
Pendant que toi, Madeleine, tu analyses et
démontes et démontres et que du rejet de nous
deux, de ce rejet sortira le livre.

db

Lettre à la divine

Tu me criais des noms
toi
un coeur lourd
qui marchait à genoux
dans la mélasse
et qui tombait dans le moule

comme du plâtre.

db

Lettre à la raide.

29 janvier, 1977

Je te souhaite un bien mauvais anniversaire
et une bien mauvaise année. Parce que ça me fait
du bien. Et si ton cul fleurit quand même.
Eh bien, tant mieux.

db

Lettre à la neutre

J'aurais mieux aimé me faire amie avec une tomate.
Je suis bien tannée de ne faire voir de rien.

db

Lettre d'une Québécoise

          devant la télé, le 15 novembre 76 au soir

les Québécoises
dans la nouvelle puissance
te ouatchent mon gâ

ses ultimes oiseaux verts
te ouatchent comme l'oeil
qui ouatchait Caïn

tu ne m'as jamais écoutée
tu ne connais pas mes outils
tu ne sais pas mesurer mes impatiences

les carottes sont cuites
la soupe est prête
le chou sent
papa est en bas
qui fait du chocolat

a sait toutte asteure
d'elle et pis de toé

fais attention bebé
si tu veux pas
q' maman t'échappe


db

139

*Lettre à nos 5*

Je viens de découvrir une parenté étonnante entre les statufiées (celles qui ont choisi le statu quo) et les débrouillardes. Elles se ressemblent comme des soeurs jumelles. Les débrouillardes utilisent leur succès personnel pour écraser les masses opprimées de femmes. Elles disent: les femmes ne sont pas dominées puisque je suis, moi, libérée. Elles sont soit ministres, avocats, médecins, professeurs ou présidentes de compagnie. Plutôt que d'utiliser la plate-forme publique que pourrait leur fournir leur fonction sociale pour dénoncer les conditions de vie de la majorité des femmes, elles déclarent, et souvent publiquement: toutes les femmes pourraient être là où je suis si *elles le voulaient,* et c'est par manque de courage et d'initiative qu'elles n'y sont pas. En fait, elles répètent l'idéologie bourgeoise libérale du *salut individuel,* négligeant les conditions historiques objectives des masses, idéologie qui reproduit toujours le pouvoir en place. Pour les femmes, il s'agit, entre autres, du pouvoir phallocrate. C'est en ce sens que Lydia Falcon criait son «Mort aux débrouillardes».

Quant aux femmes statufiées, elles décident de lutter *contre* celles qui luttent, mais de manière plus passive, plus déguisée: elles s'enferment dans une médiocrité indifférente (ça va de la cuisine au monastère) en accusant le pouvoir mâle (et en dressant des listes noires d'individus-vedettes-à-rebours) de les avoir rendues ainsi, passives et recluses. Mais tout ce temps ne font rien pour changer leur aliénation économique, politique et sexuelle.

Je déteste les débrouillardes. Ma seule façon d'aimer encore les statufiées et de pardonner leur lâcheté, c'est de mettre dans leur bouche ces paroles de Flora Tristan: «Cette société, organisée pour la douleur, où l'amour est un instrument de torture, n'avait pour moi aucun attrait; ses plaisirs ne me faisaient aucune illusion, j'en croyais le vide et la réalité du bonheur qu'on leur avait sacrifié; mon existence avait été brisée, et je n'aspirais plus qu'à une vie tranquille».

*(Pérégrinations d'une paria)*

Pourtant, sa vie ne fut qu'une longue série de luttes pour ses soeurs opprimées, prévoyant même pour les statufiées, une justification à l'inaction. Peut-être parce qu'elle avait eu le courage d'aller au bout de l'aveu de ses misères, y compris de la froideur sexuelle, courage qui manque aux statufiées. Cette sorte de courage, les débrouillardes l'ignorent toujours aussi. Peut-être aussi parce que malgré la «frigidité» dont elle souffrait, Flora Tristan ne s'attaqua jamais à la passion des autres.

mg

Pendant ce temps, nos enfants continuaient de vivre...

Sur l'*Empire State Building* — au-dessus très haut dans les airs, moi, cette fois je n'ai pas envie de voler ni de voller — avec mon petit Christophe qui va tomber. Je le retiens tant que je peux, mais il y a un moment terrible où il est suspendu dans le vide. Qui le retient ainsi dans mon rêve de tomber? Ni mon bras, ni rien de précis de mon corps mais *tout* de moi, absolument tout, puisqu'il ne tombe pas et que mon corps a le temps une autre fois de tendre mon bras jusqu'à lui et de le retenir. J'ai cru mourir dans ce laps de temps.

Puis, graduellement, à force de tenir Christophe, tout étiré au bout de ma main, c'est moi qui vas lâcher puisque personne ne peut, moi, me retenir par les jambes: il n'y a personne aux environs, nous tomberons tous les deux. Je ne veux pas. Je vais puiser en moi la dernière parcelle, la dernière goutte d'énergie. Je vais la faire descendre au ventre, du coeur et des reins, jusqu'à ma main droite qui n'en peut plus pendant que la gauche, au bord du toît, retient le corps. Je parle à mon corps: ne lâche pas, ne tombe pas, RÉSISTE, sois plus fort que la matière gravitante qui t'entoure. Mon épaule s'étiole, mon bras s'étire et je sens mes doigts se vider. Mais la volonté de survie est là toujours et le corps, se cramponne.

Et c'est Christophe qui se met à crier et n'en peut plus. Il se débat, comme s'il nous restait assez d'énergie à tous deux pour supporter ce mouvement. Je lui dis de ne pas bouger, ni crier, ni pleurer, notre survie en dépend. Je le console, l'encourage, lui promets pour très très bientôt la venue des sauveteurs. Non seulement je tiens bon physiquement mais je console. Il se calme. Bientôt les sauveteurs arrivent. Ils ont juste le temps de maintenir mes jambes à bras le corps pendant qu'ils empoignent la main libre de Christophe. Juste à temps. Nous allions lâcher tous les deux. Nous avons été si courageux! Épuisés, nous nous jetons dans tous nos bras. Enfin, Christophe pourrait se débattre et crier. Ce sont alors mes larmes à moi qui coulent, très libres, soulagées.

(Combien de temps encore resterons-nous isolées)

mg

## Les eaux mais pas le reste

Le ventre est déjà très rond. Ça ne devrait pas tarder à descendre. C'est énorme, tous mes os se tiraillent, c'est lourd mais ça ne fait pas mal. Ça pèse et étouffe ma bouche du centre. Les lèvres dilatées, à vif, ne savent plus se contracter. Les veines se laissent toutes sentir et des liquides chauds suivent leurs sillons. Il y a comme une jouissance à cette extrême tension. Toute fibrante, j'attends l'heure de l'ouverture. Je suis mon propre volcan.

Voilà que bientôt, entourée de femmes, je verrai poindre la tête de mon enfant. Au milieu d'elles je distingue ma mère qui se rapproche. Dans ses mains, elle porte un bol rond qu'elle place entre mes deux jambes pour y recueillir les eaux sortantes. Elle y déclare la puissance de ces eaux, certaines propriétés curatives insoupçonnées. Elle les conservera, dit-elle, pour les grandes circonstances. Soudain, c'est la douce décharge, celle qui prépare la seconde et l'ultime de la naissance. Soudain, les eaux se rompent et s'écoulent dans le petit bassin que tient précieusement ma mère. Elle semble douce et calme, heureuse d'accomplir ce rituel de vie.

Cette fois la poche du bas ventre s'alourdit de sa nouvelle sécheresse. Je crois bien m'évanouir en elle, tête et tout, m'inverser dans un happement de tout le corps, m'expulser moi-même, si cette boule de vie-peut-être mais qui ne bouge plus, ne tombe pas après les eaux. Je suis ce noeud tout fait de fils mêlés. Un fil d'impatience curieuse me tient en vie. À l'affût d'une histoire qui se crée par moi, en cet instant même, ou qui se refermera, se clôturera si je me meurs.

Ça continue de ne pas vouloir se délivrer. Il me semble que des instants séculaires se succèdent très rapides. Assisterai-je impuissante à cette éternité de lenteur fébrile? Verrai-je, de moi, se décomposer la terre? Verrai-je, de son centre, le feu qui s'éteint, le vent descendre, la lumière se figer? Verrai-je la mort sortir du cratère et n'être plus désormais qu'un long palpitement du souvenir de la mort dans la vie?

Je confie ces angoisses à ma mère qui attend, impassible, que l'amour triomphe et se fraye un chemin.

mg

*Des dizaines de bébés*

La nuit suivante, il me fut donné
de vivre un si grand bonheur. Calme,
allongée sur un plateau gazeux de
lumineuse obscurité, je donnai la vie
comme indéfiniment. Des dizaines de
bébés sortirent de mon ventre.
Aucun effort, aucune douleur: ILS
venaient, de moi, prendre leur
place dans l'histoire.

mg

*Lettre à Claire Lejeune*

Je t'envoie cette lettre pour te dire à quel point la rupture du groupe des 5 m'aura indiqué au bord de quel précipice nous nous tenions. Et tu sais, plusieurs s'y trouvent encore. Les moi/je constuaient, à mon avis, un immense piège, un subtil subterfuge et nous en avions fait, pour un temps, notre gloriole. Tu te souviens, nous parlions même d'aura, de nagual et que sais-je encore? Nous étions même devenues, croyons-nous, des sorcières. Hors de notre histoire concrète, individuelle et collective, hors des luttes quotidiennes à mener patiemment, sans orgueil, nous avions cru pouvoir nous sortir du temps et de l'espace qui sont nôtres, flirtant avec les mystiques les plus lointaines et les plus proches et faisant, comme bien d'autres, le jeu des pouvoirs en place.

À croire rejoindre ainsi le sujet, par un groupe dit de conscience, c'est cela même que nous refoulions, comme si nous avions érigé, bien inconsciemment, il faut dire, une solide résistance collective pour nous empêcher chacune d'y accéder. Les «vérités» que nous faisions circuler entre nous étaient autant de prétextes à ne plus rencontrer la vérité de nos histoires respectives, pour parler comme Lacan. Je ne crois absolument plus aux groupes dits de conscience: ils constituent sans doute le piège le plus raffiné du féminisme actuel. Comment, issue de la psychanalyse, ai-je pu l'ignorer à ce point? Pourquoi? Que voulais-je éviter là? Comment ai-je pu ne pas savoir si longtemps que dans la circulation même des paroles intimes, jusqu'aux récits laborieux des rêves et fantasmes, des *transferts* (et *contre-transferts*) forcément prendraient place et qu'à ne pouvoir les analyser puisqu'ils se diffuseraient sournoisement dans la complexité, la configuration et le *nombrant* du groupe, ils finiraient par éclater en autant de fictions étriquées, frauduleuses, faussement rassurantes? Quelles béquilles allions-nous chercher là? Qu'allais-je me cacher qui me semble maintenant si clair? Et qu'avions-nous tant besoin de souffrir encore? Pourquoi cet autre délai de moi à moi-même, pourquoi ce détour alors que l'amour me semblait donné sous toutes ses formes? Ou, était-ce la culpabilité, justement, d'être trop heureuse et de jouir sur les lieux même du Pouvoir, puisqu'il n'est pas d'autre lieu que celui-là, quoi qu'en pensent les mystiques de tous poils? Ou, culpabilité de voir que sur ces lieux, bien d'autres avec qui je voulais lutter ne jouissent pas?

À toutes ces questions, je tente de répondre dans un long texte. Et tu vois, j'ai l'impression que nous ne pourrons même pas adjoindre toutes nos vérités respectives concernant notre expérience de groupe et que la vérité de ce groupe ne pourra même pas advenir. Ça serait normal puisque l'illusion et la fiction résultant des moi/je en étaient les garants. Si celle des trois Maria a pu se produire dans un brûlant texte collectif, c'est sans doute, justement, parce qu'elles en étaient restées au texte, y acceptant toutes les contraintes et le travail et ne prétextant pas ces thérapies collectives soi-disant révolutionnaires sur lesquelles plusieurs s'accrochent encore.

Mais aucune angoisse, aucune surprise, ne résultera pour moi de ce silence

possible. Tout au plus une blessure nar-
cissique du moi/je qui viendra indiquer,
dans son inlassable répétition, à quel
point furent tenaces les premières
blessures d'amour, les premiers échecs.
Ou, le rejet originaire. Et, aussi bizarre
que cela semble, je ne me souviens pas
d'avoir éprouvé jamais, ce que l'on
nomme peine d'amour. Ramenée donc
encore à la scène primitive, le texte qui
me résistait depuis si longtemps
s'élabore enfin et m'anime. Et si le
groupe m'y a fait surseoir, c'était pour
mieux réaliser, de l'intérieur, les limites du politique et du sujet et que si le
second s'analyse, ça n'est que de l'y
confronter au premier dans la *solitude
individuelle* sans quoi les deux s'estom-
pent. Il m'aura fallu l'illusion du collectif amoureux pour redécouvrir
l'inépuisable générosité de la solitude.
Ça n'est que dans la reconnaissance
lucide des limites du sujet qu'il est
possible de franchir les bornes de
l'isolement. L'analyse qui ne m'était
plus permise dans/par ce groupe, qui
m'était donc interdite, ne pouvait plus se
savoir: ou savoir que dans le flou et la
mouvance des limites du sujet solitaire,
dans ce mouvement de va et vient d'elle-
sujet au politique, se trouvaient aussi les

clartés nécessaires pour aller d'elle à l'autre, se trouvaient les conditions de l'amour. Y avoir échappé si naïvement une fois de plus me précise la complexité des formes et des discours de la censure. Car ce qui est toujours censuré, au travers de ce que nous nommons vérités ou connaissances, c'est finalement et inéluctablement l'amour...

*C'est de son isolement que le Pouvoir tire sa force, et combien d'entre nous sont encore isolées*

Et quand le Pouvoir circule dans la fiction des groupes, chacun vit de l'isolement de l'autre. Le Nous du collectif permettant alors le brouillage du moi/je et du moi/tu: le Nous s'installe comme politique, comme morale, comme religion; ça agit par nivellement, par neutralisation de toute la complexité du réel, de l'imaginaire et du symbolique de chaque *sujet*. Puisque nous sommes à la fois sujets de l'histoire, du pouvoir et du Nous collectif, les groupes dits de conscience ne peuvent qu'être voués au suicide (ou aux meurtres: oppressions, exclusions, etc.). Ou bien, ils cautionnent les démissions individuelles ou encore ils tiennent lieu et simulent les actions collectives visant à changer les conditions économiques, politiques et sexuelles des femmes. De toutes façons ils sont une fraude, empêchant les révolutions individuelle et collective de celles qui s'y trouvent, seules conditions pour que l'amour soit possible un jour entre tous.

Je réalise pleinement la portée de ce que j'avance. Si d'avoir contribué quelque peu à expliquer la fiction de ces groupes, en les démontant de l'intérieur pour y avoir vécu, peut-être que tant d'échecs répétés, chez les femmes et ailleurs, pourraient mieux se comprendre et qui sait, s'éviter? Peut-être aussi faut-il y avoir été plongé pour en sortir...

mg

«douce plainte qui t'échappe, qui
*m'occupe, qui me féconde, qui me*
dépasse et qui me tue: mon écriture»
*Nouvelles Lettres Portugaises*

Quand le désir était écrit dans le comment
de chaque geste

Quand nous étions parlés comme un orgasme

Quand les langues de feu léchaient nos corps

Quand l'espace entre nous ne respirait plus

Quand la distance n'existait plus

Quand un liquide chaud un bercement
un ventre rond une terre moelleuse

longtemps longtemps Avant avant

ce qu'ensemble amour amour
on a cherché
comme des enfants
en plein désert sablonneux et sans eau

ce qu'elles nommèrent séduction

OUVERTE à n'importe quelle page.

mg

## Ouverte à n'importe qu'elle page

### à Liliane Wouters et à Françoise Delcarte

Mains glacées sur la table
le cou tendu, tassant l'appui
ne crois pas que le soleil se lève
faites infuser davantage
La pensée se fend et s'ouvre
Tout cela n'est peut-être que de la pose
que gagnerais-je à le savoir.
dans nos semelles de plomb
verse le vin sucré des palmes
de la cage du sexe
échange du ventre et des hanches
me scande jusqu'aux reins
pour faire de plus loin l'acte de t'adorer
La chaise a beau dire
et Dieu dira: «Wladimir, Wladimir»
et depuis, on la voit parfois
Ils sont nombreux là-bas
Tous les printemps
Il y a des fleuves natals
dans l'eau de vaisselle bien huilée
ils ne verront pas ton sourire blessé
elle se nomme table rase et fouette
les passants me dévisagent
les femmes marchent comme des drapeaux mouillés
quant au maçon, il restera insensible
il me faudra revoir ces terribles fenêtres
les grandes hirondelles de l'aube
que seront ces poèmes qui seront comme s'ils n'existaient pas
avec la force inéluctable irraisonnée des catastrophes
les lampes s'allumaient bien avant qu'il fit nuit

le vent ne laisse pas de trace sur les vêtements
ce n'est qu'un petit trou dans ma poitrine
un miroir circulaire
tombé du diadème de l'absolu
à gauche, au sud, cette brûlure plate
cependant le milieu comme une épaisse boue
en mal d'amour dans la pâte au long cou
le même homme toujours, et le même mystère
ceux qui partent, ceux qui restent
Elle s'était tellement donnée qu'il m'a fallu la reprendre
Je prendrai le chemin inverse
tout au bout de mes chansonnettes
pardonnez-moi, veuves des tavernes
l'hiver ne va rien arranger
l'informe bouge aux lèvres
un goupillon m'arrose de sang sombre
ils se sont mis à sept à toute la famille
je m'accuse de mon doigt sur les lèvres
Et un mécanicien lui souriait
se lavent les mains les bossus du soir
Elle a des troubles de croissance.
Ordre à l'enfant de sauver ce qu'il reste
l'archive est au futur
Faire la révolution, c'est devenir impossessible.

db

*Lettre ultime à nos cinq en guise de finale...*

C'est drôle. je savais bien que je n'avais pas tout dit. Malgré la délivrance de tout ce que je vous avais écrit, quelque chose comme de l'oppression m'englueait encore. Maintenant, je me sens purifiée de toute colère et ce que je désirais tant dire s'est frayé un chemin au travers du grand calme ondulant qui m'enveloppe. C'est en lisant Maurice Blanchot sur le *Détruire dit-elle* de Marguerite Duras que je me remis à nous parler. Ce texte précisait tellement ce que je ressentais encore bien confusément, il me prodiguait si généreusement les mots que je cherchais, que je le reçus, comme tant d'autres fois où des écritures m'ont indiqué le lieu où, sans le savoir, je me trouvais pourtant, je le reçus, comme un geste d'amour, sans refus ni calcul. Si toutes ces écritures, parfois lointaines, parfois étrangères et parfois très proches, étaient demeurées jalousement dans les prisons-tiroirs, vraiment je ne sais ce qu'il en serait advenu de chaque histoire, en nous, brûlante de se raconter, tant il me semble que dans l'isolement des mots rien n'aurait jamais pu se nommer. A commencer par ces balbutiements d'enfance qui, sans d'autres histoires inlassablements répétées, n'auraient jamais vu le jour. C'est à suivre les lieux où ces premiers sons se forment et se glissent vers d'autres récits que la reconnaissance du sien propre est assurée et que l'amour devient possible. Et chaque fois que cette reconnaissance est renouvelée, je sens en moi le texte-corps m'entourer si chaleureusement et me souffler, du lieu où j'aime le plus fort et le plus loin, de continuer. Chaque fois, comme maintenant, c'est le don en retour. La reconnaissance mienne. La sortie de l'isolement dans le corps à corps amoureux. La vie qui se fait plus belle de chaque histoire d'amour. La mémoire insatiable, cette multitude de textes amants qui d'un siècle à l'autre parfois se rencontrent, sans quoi notre histoire ne serait pas venue.

Les citations ne seront donc toujours pour moi que des entrelacements privilégiés où les mots se marquent d'étreintes pour poursuivre ce qui de l'histoire me dit le durable et l'intime.

«il faut aimer pour détruire, et celui qui pourrait detruire par un pur mouvement d'aimer, ne blesserait pas, ne détruirait pas, donnerait seulement.»
(M. Blanchot, sur le *Detruire dit-elle*).

Eh bien, oui, je crois que c'est le détruire qui nous a manqué. Pour ces nouveaux rapports que nous voulions construire, entre nous et de nous aux autres femmes et hommes, combien en nous et entre nous devions-nous détruire le vieil homme de pouvoir. Sur les chemins de ces multiples destructions, nous eûmes peur de nommer ces lieux étranges de dominations tortuéres, enfouies, ces lieux de pouvoir phallocrate, en nous toutes, introjecté. Comme si de les faire surgir à la conscience avait consacré ces forces que nous avions pourtant desiré expurger. *On ne se sort des pièges qu'en les ayant détruits.* Mais cette destruction implique une telle connaissance de tous les liens nouants, que seuls l'amour et la jouissance de s'y trouver peuvent y faire accéder. Ainsi, désir, connaissance et travail adviennent à la même source, à la même pratique, et c'est là, je crois, le paradoxe, le noeud qui nous replia.

Ode, tu n'es ni plus loin, ni ailleurs: encore dans ce noeud de pouvoir que tu n'as pu détruire, prise d'effroi d'y avoir deviné un jour l'amour de lui. Et, en prenant tes distances, comme tu dis, en prenant ton silence à deux mains, tu ne fais que renvoyer sur les paroles de l'autre un pouvoir qui est tien et que tu n'as pu extirper de toi-même. Impuissante à détruire ces lieux de toi, inaccessible, pour l'heure, à l'amour et à la suite du monde des autres. La violence boulimique que ton pouvoir méprise est une soie comparée aux grincements nocturnes de ta prison de haine.

«Un mot, un seul mot, ultime ou premier, y intervient, avec tout l'éclat discret d'une parole apportée par des dieux: *détruire*. Et, ici, nous resaisissons la deuxième exigence de ce mot nouveau, car s'il faut aimer pour détruire, il faut aussi, avant de détruire, s'être libéré de tout, de soi, des possibilités vivantes et aussi des choses mortes et mortelles, par la mort même. Mourir, aimer: alors, seulement, pourrons-nous approcher de la destruction capitale, celle que nous destine la vérité étrangère (aussi neutre que désirable, aussi violente qu'éloignée de toutes puissances agressives)»

Oui, je crois bien que nous nous sommes approchées de cette destruction capitale que nous cherchions. Nous nous en sommes approchées d'assez près pour savoir que la vérité étrangère, effrayante, se trouvait en chacune. D'avoir voulu la projeter ailleurs, pour nous sécuriser de l'apparente pureté que nous exhibions, nous éloignait du dénouement, qu'ensemble, nous aurions pu jouir. Nous avons confondu haine et destruction, démission et tendresse. Nous avons confondu haine et amour.

«loin de laisser des cicatrices malheureuses, cette érosion, cette dévastation ou ce mouvement infini de mourir qui est en eux comme le seul souvenir d'eux-

mêmes (en celui-ci avec la fulguration
d'une absence enfin révélée, en celui-la
par la lente progression encore inache-
vée d'une durée et, dans la jeune fille,
par sa jeunesse, car elle est purement dé-
truite par son rapport absolu à la jeunesse), les a libérés par la douceur, pour
l'attention à autrui, l'amour non
possessif, non particularisé, non limité:
libérés pour tout cela et pour le mot
singulier qu'ils portent l'un et l'autre,
l'ayant reçu de la plus jeune,
l'adolescente nocturne, celle qui, seule,
peut le «dire» avec une parfaite vérité:
*détruire, dit-elle.»*

Nous avons refusé l'étrangère, la nocturnale,
et notre crainte d'y sentir surseoir la lumière où
nous voulions baigner nous déroba à l'amour
qu'avec elles nous aurions éprouvé. Car ce détruire,
entre nous, ne fut pas reçu. Dès lors, les libérations
d'absence, de jeunesse, de durée, de possession, ne
purent être portées par chacune et de l'une à l'autre.

De cette dévastation radicale, les femmes
nouvelles ne descendront pas d'un nul part
nébuleux; elles y remonteront d'une longue histoire
et les marques de l'oppression s'y feront sentir encore longtemps. Et s'il est vrai de dire qu'il n'y est
pas laissé de cicatrices malheureuses, c'est quand
même à reconnaître l'histoire que nous pouvons en

161

parvenir à dévaster ses marques. Oui, seule cette érosion, avec tout le travail sous-terrain que cela implique, peut nous porter en gestation jusqu'aux lettres nouvelles. À la fois naissances toujours possibles et révélations de toutes celles, absentes, qui n'auront jamais pu se dire:

> «Des Dieux peut-être, dans leur singularité multiple, leur dédoublement non visible, ce rapport à eux-mêmes de par la nuit, l'oubli, la simplicité partagée d'éros et de thanatos: mort et désir enfin à notre portée.»

Nous avons vécu à la limite exacerbée d'éros et de thanatos, du désir et de la mort, nous refusant le partage obscur et vital de leur côtoyement. La dévastation, pourtant, ne concernait ni l'un ni l'autre, contrairement à ce que nous avons cru et pratiqué, au travers nos multiples exclusions de l'un et de l'autre, jusqu'à la fin. Nous les avons exclus jusqu'à la lie: jusqu'à l'exclusion ultime de nous-mêmes. Et c'était à détruire pourtant toutes les prises de pouvoir en chacune, et de l'une à l'autre, que nous pouvions accéder à cette vérité multiple et singulière d'éros et de thanatos enfin réunis, sans que le premier, à l'autre, soit inlassablement soumis.

> «De ce mot qui détruit, qu'en sera-t-il? Nous ne le savons pas. Nous savons seulement qu'il revient à chacun de nous de le porter, avec désormais à nos côtés

la jeune compagne innocente, celle qui donne et qui reçoit la mort comme éternellement.»

*Combien de vies aura-t-il fallu donner et recevoir pour que cette seule vérité, en somme, innocente, ne barre pas l'accès à son récit?*

mg

Octobre 1975—Février 1977
Shawbridge—Montréal—Saint-Justin

Achevé d'imprimer
sur les presses de
L'Action Sociale, Limitée
2e trimestre 1977